Mon quotient intellectuel

Dans la même collection aux Éditions de La Martinière

Mon quotient émotionnel, Thomas J. Craughwell, 2013
Mon QI en maths, Thomas J. Craughwell, 2013
Ma vraie personnalité, Salvatore V. Didato, 2013
Qui suis-je vraiment ?, Salvatore V. Didato, 2012
Kit mémoire, Dominic O'Brien

Thomas J. Craughwell

Mon quotient intellectuel

50 quiz pour calculer son QI en quelques minutes

Éditions
de La Martinière

Édition originale :
Première édition en 2012 par
Black Dog & Leventhal Publishers, Inc.
151 West 19th Street New York, NY 10011

Édition française :

Connectez-vous sur lamartinieregroupe.com
Réalisation : Nord Compo à Villeneuve-d'Ascq
Traduction : Philippe Lecuyer
ISBN 978-2-7324-5613-3

Sommaire

Introduction

QI est l'abréviation couramment utilisée pour désigner le « quotient intellectuel ». Dès les premières années du XXe siècle, des tests furent conçus pour les enfants afin de déterminer s'ils étaient doués, d'une intelligence moyenne, ou bien souffraient d'un retard quelconque nécessitant leur prise en charge par des écoles spécialisées. Le but de ces tests de QI était de juger des capacités intellectuelles de l'enfant et de prédire ses chances de réussite dans la vie. Ainsi, un enfant obtenant un score élevé se voyait faciliter la voie vers les hautes études, tandis qu'un enfant aux résultats moyens pouvait être orienté vers les rangs des simples vendeurs ou employés de bureau.

Aujourd'hui, les tests de QI sont rarement imposés aux enfants, mais ils demeurent une méthode usitée pour mesurer le potentiel intellectuel des adultes. La notation a changé aussi : au lieu d'évaluer les résultats à l'aune de standards prédéterminés, les résultats du participant sont comparés à ceux d'autres adultes testés.

La grille d'évaluation standard d'un test de QI est la suivante :

- **165** Génie
- **148-132** Doué/Intelligence supérieure
- **115** Intelligence au-dessus de la moyenne
- **99** Intelligence moyenne
- **83** Intelligence au-dessous de la moyenne
- **70** (et moins) Intelligence très faible

Les cinquante quiz de ce livre sont destinés aux adultes et lycéens, et conçus pour être divertissants. Chaque chapitre débute par un supplément d'informations sur le QI accompagné de quelques anecdotes.

Attention ! Vos résultats ne refléteront pas votre intelligence réelle ; ils ne vous livreront pas non plus une prédiction de votre réussite future, scolaire ou professionnelle. Par ailleurs, nos tests sont brefs ; un vrai test de QI est bien plus complexe et dure au moins une heure.

Maintenant, prenez-vous au jeu ! Mais ne vous laissez pas submerger par vos résultats, qu'ils soient bons ou mauvais. Cependant, ne soyez pas surpris de vous découvrir plus intelligent que vous ne le pensiez...

CHAPITRE 1

Cherchez l'intrus

Les origines du test de QI

Tout débute par une simple rivalité familiale. Francis Galton (1822-1911) était un de ces gentlemen de l'époque victorienne qui semblaient doués pour tout : il était explorateur, géographe, inventeur, anthropologue, météorologue, statisticien, et même intéressé par une science nouvelle pour l'époque, la génétique. Mais Galton n'était personne comparé à son célèbre cousin, Charles Darwin. Soucieux de décrocher sa part de postérité, Galton développa une théorie selon laquelle l'intelligence humaine est d'origine génétique, et donc héréditaire : des parents intelligents donneront sans doute naissance à des enfants brillants. De plus, Galton croyait que l'intelligence pouvait être mesurée, permettant de prédire le potentiel succès scolaire d'un enfant.

Malheureusement, le système mis en place par Galton se concentrait sur les qualités physiques – telles que le temps de réaction et la sensibilité épidermique – plutôt que sur les capacités cognitives. La méthode Galton fut donc rejetée.

Presque au même moment, en France, les autorités demandaient au psychologue et pédagogue Alfred Binet (1857-1911) de développer un test permettant de mesurer l'intelligence d'un enfant. En effet, la France venait d'adopter la loi rendant l'école obligatoire, et il était urgent de déceler les enfants prometteurs tout comme ceux réclamant un soutien particulier.

Avec son collègue Théodore Simon (1872-1961), Binet conçut un test qui s'éloignait radicalement du programme scolaire. À la place, Binet et Simon posèrent des questions révélant l'attention de l'enfant, sa capacité à mémoriser et sa faculté à résoudre des problèmes. La méthode Binet-Simon devint le premier test de QI et aboutit, en 1905, à l'établissement de l'Échelle métrique d'intelligence.

Un certain Lewis Terman, psychologue à l'université de Stanford, aux États-Unis, s'empara bientôt de la méthode et l'accommoda à ses propres recherches ; en 1916, le test de Stanford-Binet fit son apparition. Sa contribution la plus notable réside dans son quotient d'intelligence. Avec la formule de Terman, on divise l'âge mental de l'enfant – caractérisé par ses aptitudes – par son âge chronologique, puis on multiplie le résultat par 100. Ainsi, un enfant de douze ans d'âge mental, réellement âgé de dix ans, se voit doté d'un QI de 120.

Durant les premières décennies du XXe siècle, le test Stanford-Binet fut utilisé par le gouvernement américain pour évaluer l'intelligence des recrues militaires et même passer au crible les immigrants à leur arrivée à Ellis Island.

Analogie visuelle I

1. Examinez les formes et identifiez celle qui a le moins de rapport avec les autres.

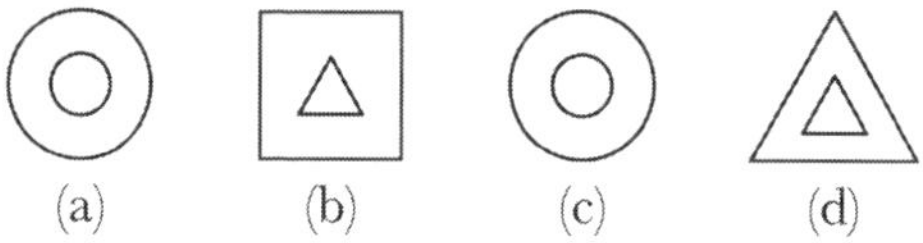

2. Examinez les formes et identifiez celle qui a le moins de rapport avec les autres.

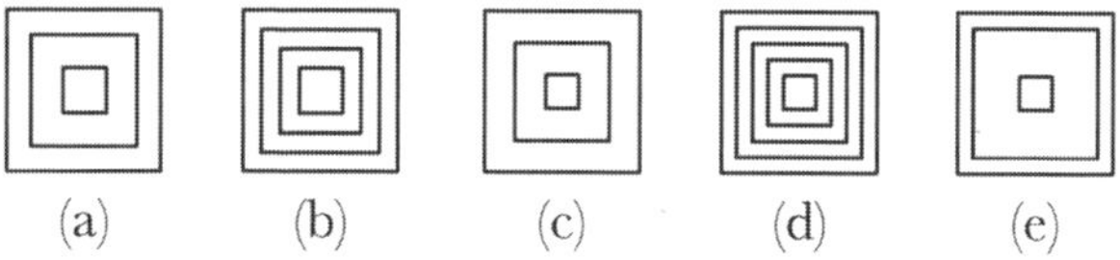

3. Examinez les formes et identifiez celle qui a le moins de rapport avec les autres.

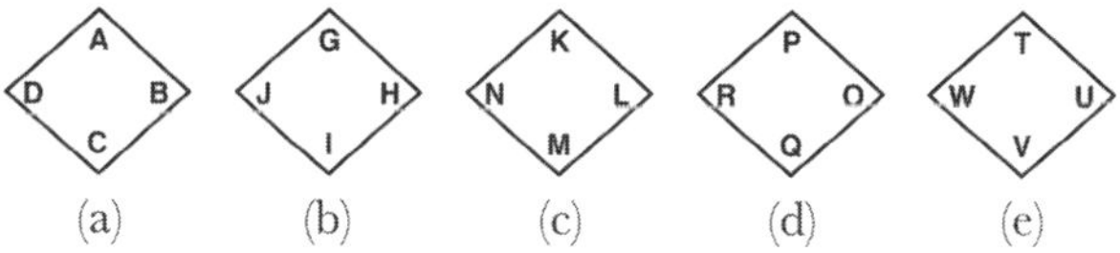

4. Examinez les formes et identifiez celle qui a le moins de rapport avec les autres.

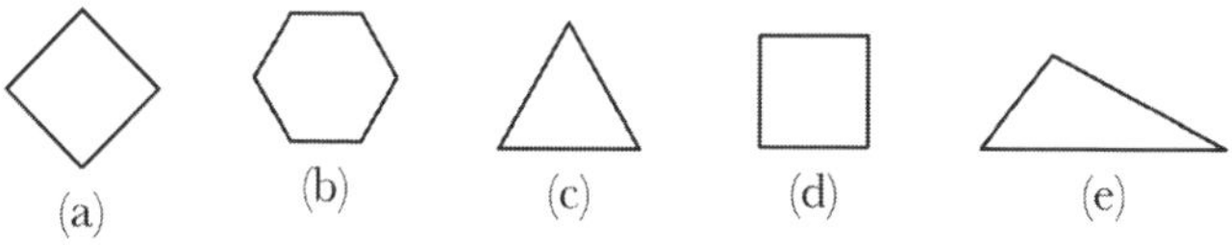

5. Examinez les formes et identifiez celle qui a le moins de rapport avec les autres.

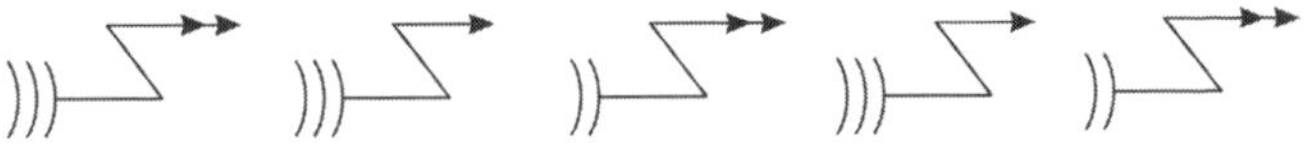

(a) (b) (c) (d) (e)

6. Les cartes 1 à 6 suivent un enchaînement logique. Quelle carte devrait compléter la séquence ?

(1) (2) (3)

(4) (5) (6)

Choisissez parmi

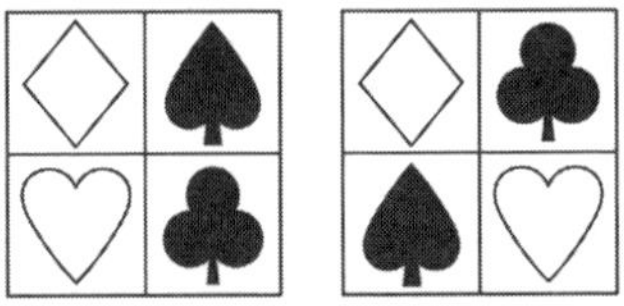

(a) (b)

(c) (d)

7. Examinez les formes et identifiez celle qui a le moins de rapport avec les autres.

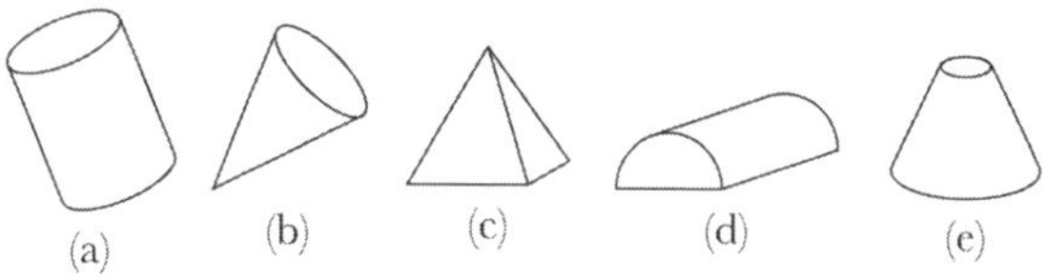

8. Quelle forme devrait compléter la séquence ?

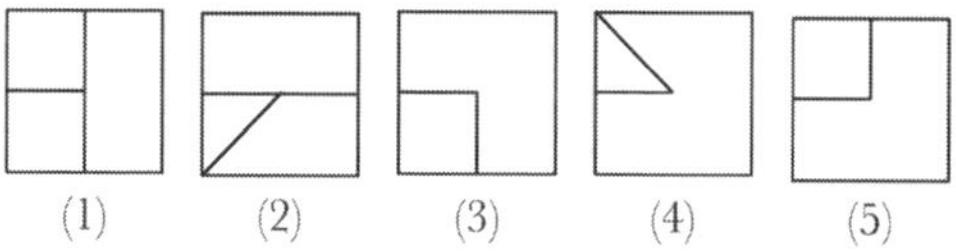

Choisissez parmi

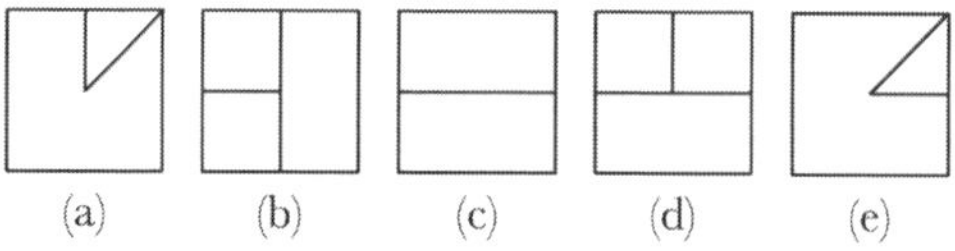

9. Quelle forme devrait compléter la séquence ?

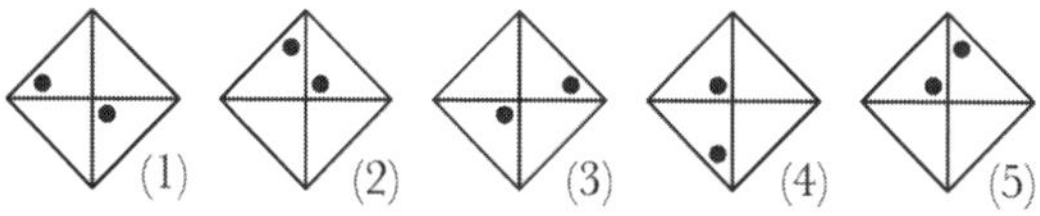

Choisissez parmi

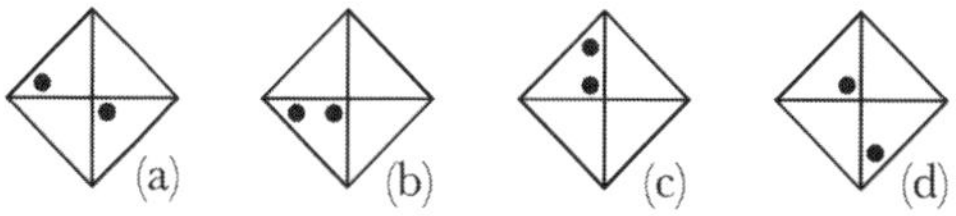

10. Examinez les formes et identifiez celle qui a le moins de rapport avec les autres.

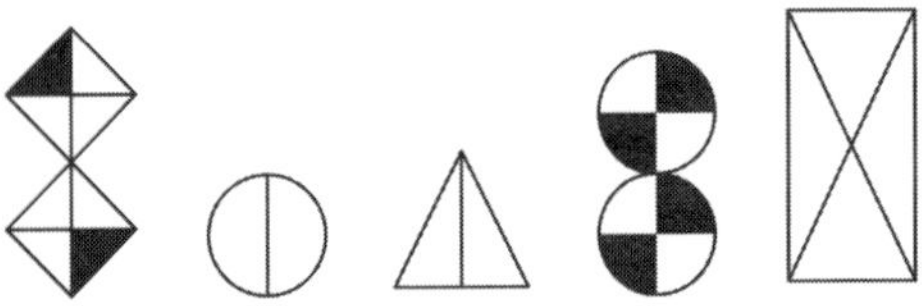

(a) (b) (c) (d) (e)

RÉPONSES

1. *(b) Dans toutes les autres formes, la figure intérieure est une version plus petite de celle qui la contient.*

2. *(b) C'est la seule figure composée d'un nombre pair de carrés. Toutes les autres sont formées d'un nombre impair de carrés.*

3. *(d) C'est le seul losange qui ne respecte pas le schéma commun aux autres : ordre alphabétique à partir du sommet et tournant dans le sens des aiguilles d'une montre.*

4. *(e) C'est la seule figure à ne pas être symétrique.*

5. *(a) C'est la seule figure à ne pas posséder de double.*

6. *(b) Dans la figure 2, les deux carrés supérieurs de la figure 1 sont inversés. Dans la 3, ce sont les deux carrés inférieurs qui sont inversés. Dans la 4, il s'agit des deux carrés verticaux à gauche, et dans la 5, les deux carrés verticaux à droite. Quant à la figure 6, les carrés supérieur gauche et inférieur droit ont été inversés. Ainsi, la figure suivante doit avoir les carrés supérieur droit et inférieur gauche inversés.*

7. *(c) La figure c n'est constituée que de lignes droites. Les autres sont composées de lignes droites et de courbes.*

8. *(e) Dans ces figures, deux lignes se déplacent : l'une de 90° à chaque fois, l'autre de 45° à chaque fois. La ligne horizontale et partant du centre vers la gauche ne se déplace jamais, mais elle est parfois recouverte par les lignes en déplacement.*

9. *(b) Le point*

10. *(c) Toutes les autres figures restent identiques lorsqu'on les retourne.*

RÉSULTAT

Comptez 16,5 points par bonne réponse.

165 *Génie*
148-132 *Doué/Intelligence supérieure*
115 *Intelligence au-dessus de la moyenne*
99 *Intelligence moyenne*
83 *Intelligence au-dessous de la moyenne*
70 *(et moins) Intelligence très faible*

Analogie visuelle II

1. Sélectionnez la figure qui complète le mieux l'analogie.

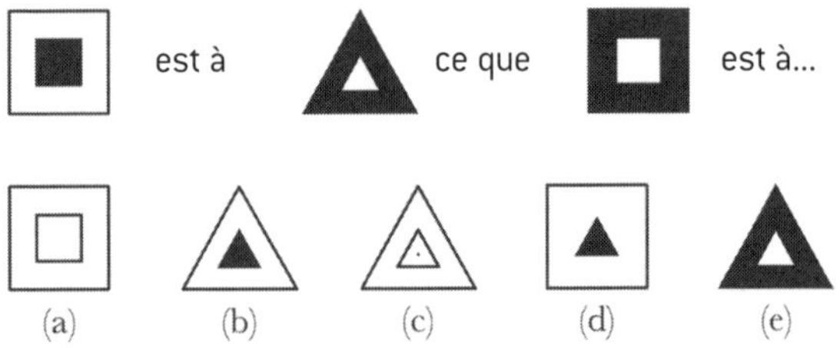

2. Sélectionnez la figure qui complète le mieux l'analogie.

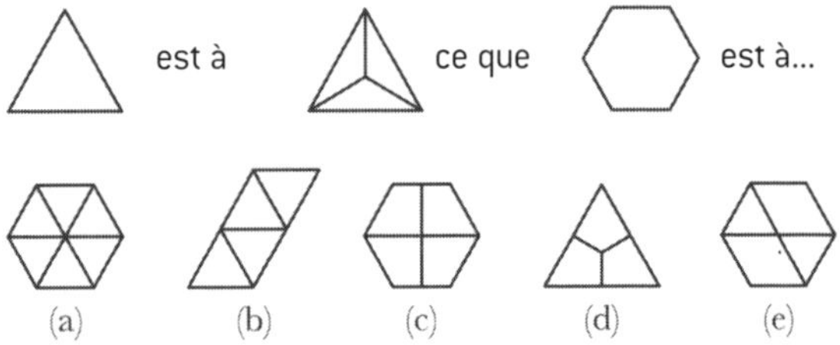

3. Sélectionnez la figure qui complète le mieux l'analogie.

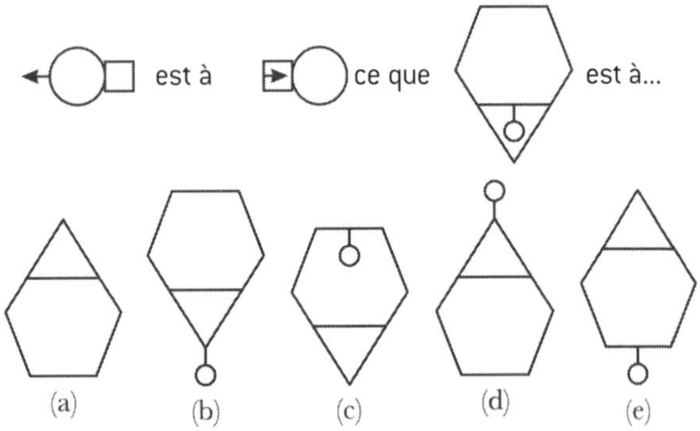

4. **Sélectionnez la figure qui complète le mieux l'analogie.**

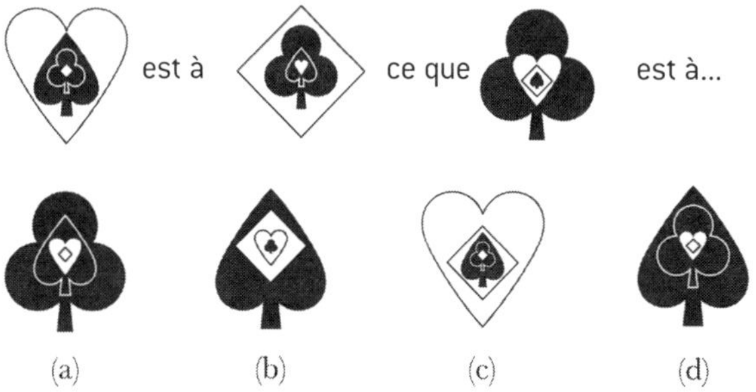

5. **Sélectionnez la figure qui complète le mieux l'analogie.**

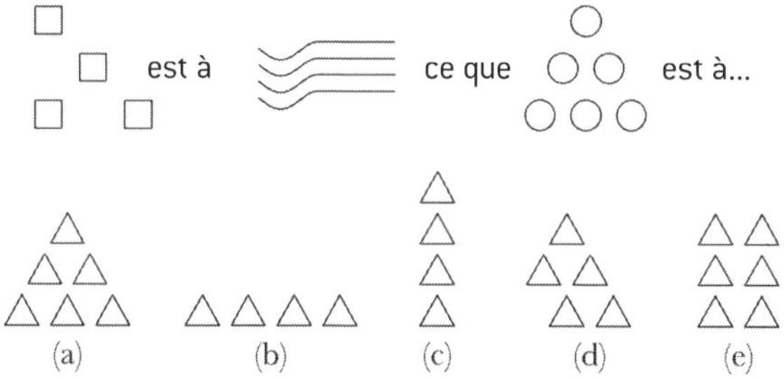

6. **Sélectionnez la figure qui complète le mieux l'analogie.**

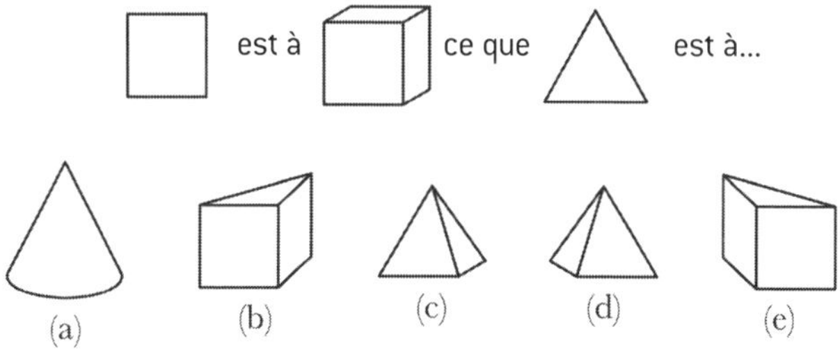

7. **Sélectionnez la figure qui complète le mieux l'analogie.**

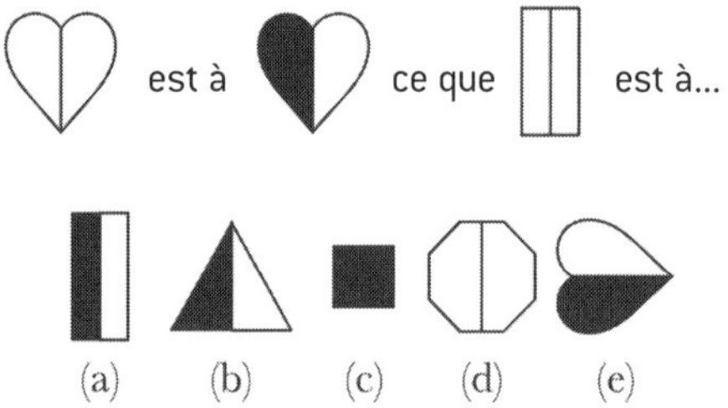

8. **Sélectionnez la figure qui complète le mieux l'analogie.**

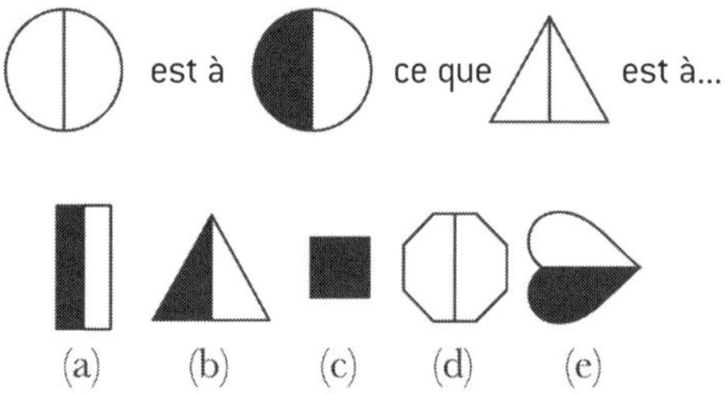

9. **Sélectionnez la figure qui complète le mieux l'analogie.**

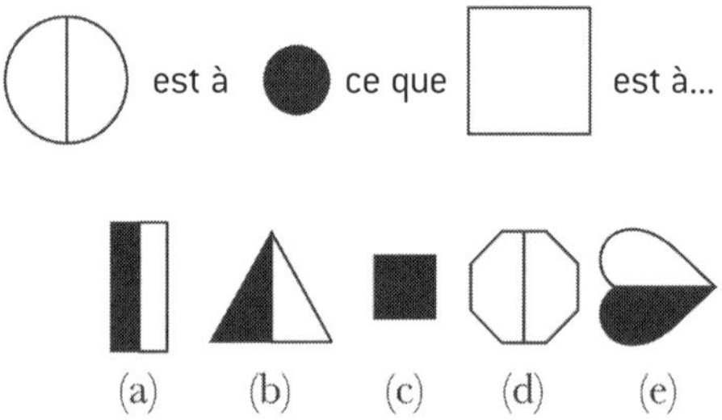

10. Sélectionnez la figure qui complète le mieux l'analogie.

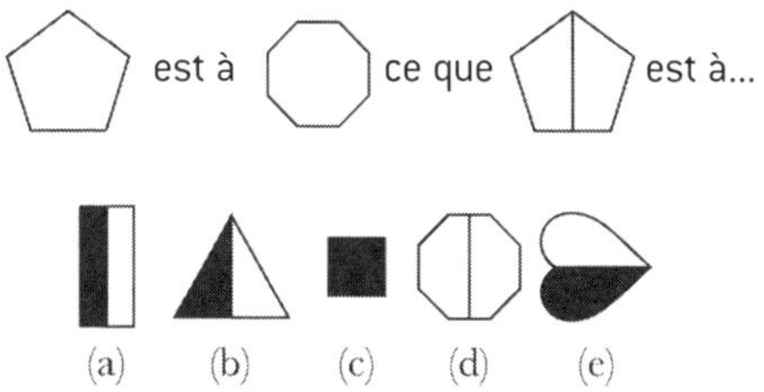

RÉPONSES

1. *(b) L'ombre des figures interne et externe est inversée.*

2. *(a) L'hexagone (6 côtés) est divisé en six parties égales, comme le triangle (3 côtés) l'est en trois.*

3. *(e) Les lignes courtes de la figure sont inversées.*

4. *(b) L'ordre et la taille des figures sont inversés (la plus grande, celle de l'extérieur, devient la plus petite à l'intérieur, etc.).*

5. *(e) Quatre carrés pour quatre lignes ; de même, six boules pour six triangles.*

6. *(c) Comme le cube, la pyramide montre son côté droit.*

7. *(a) Le rectangle est ombré du côté gauche.*

8. *(b) Le triangle est ombré du côté gauche.*

9. *(c) Le petit carré ombré correspond au petit cercle ombré.*

10. *(d) L'hexagone scindé correspond au pentagone scindé.*

RÉSULTAT

Comptez 16,5 points par bonne réponse.

165 *Génie*
148-132 *Doué/Intelligence supérieure*
115 *Intelligence au-dessus de la moyenne*
99 *Intelligence moyenne*
83 *Intelligence au-dessous de la moyenne*
70 *(et moins) Intelligence très faible*

Reconnaissance de suites I

Identifiez l'intrus (lettre ou chiffre) qui s'est glissé dans chacune de ces séries.

1. (a) X
(b) L
(c) T
(d) 7
(e) 4

2. (a) M
(b) S
(c) W
(d) N
(e) X

3. (a) 4
(b) Z
(c) A
(d) E
(e) F

4. (a) 2
(b) 0
(c) C
(d) Q
(e) 8

5. (a) F
(b) Z
(c) A
(d) B
(e) N

6. (a) B
(b) D
(c) C
(d) P
(e) R

7. (a) I
(b) T
(c) A
(d) W
(e) U

8. (a) D
(b) U
(c) O
(d) I
(e) E

9. (a) C
(b) P
(c) I
(d) L
(e) F

10. (a) 6
(b) 2
(c) 8
(d) 5
(e) 4

RÉPONSES

1. *(e) 4. Tous les autres caractères sont constitués de deux traits.*

2. *(b) S. Tous les autres caractères contiennent des angles.*

3. *(d) Ɛ. Tous les autres caractères sont constitués de trois traits.*

4. *(a) 2. Tous les autres caractères sont basés sur des formes arrondies.*

5. *(c) A. Toutes les autres lettres sont des consonnes.*

6. *(c) C. Toutes les autres lettres sont faites d'un trait droit et d'une courbe.*

7. *(e) U. Les lettres sont données dans l'ordre croissant du nombre de traits nécessaires pour les écrire. U est seulement formé d'une courbe.*

8. *(a) D. Quatre des lettres sont des voyelles ; D est une consonne.*

9. *(b) P. Lorsque vous récitez l'alphabet de trois en trois, toutes les lettres de cette suite sauf le P sont à chaque fois en troisième position.*

10. *(d) 5. Les autres chiffres peuvent être divisés par deux.*

RÉSULTAT

Comptez 16,5 points par bonne réponse.

165 ***Génie***
148-132 ***Doué/Intelligence supérieure***
115 ***Intelligence au-dessus de la moyenne***
99 ***Intelligence moyenne***
83 ***Intelligence au-dessous de la moyenne***
70 ***(et moins) Intelligence très faible***

Reconnaissance de suites II

1. Parmi les 6 figures ci-dessous, identifiez la forme qui se différencie distinctement des autres.

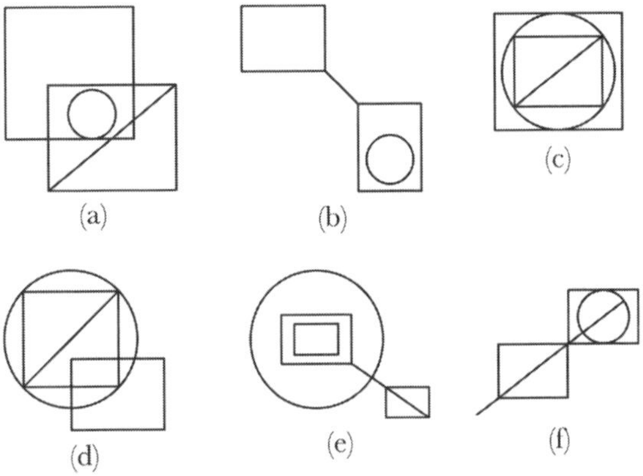

2. Complétez la suite de gauche à l'aide d'une des trois formes de droite.

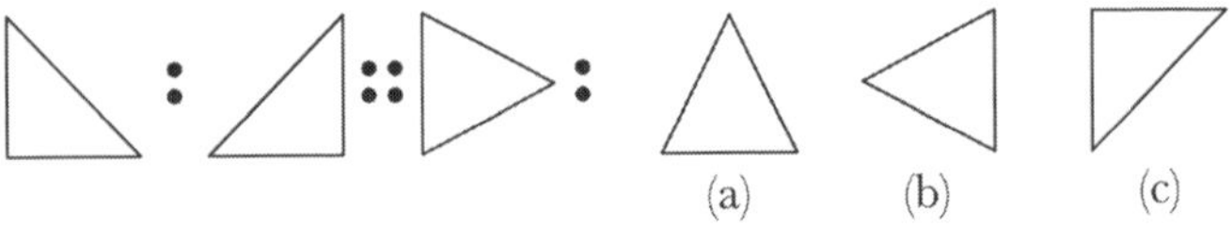

3. Complétez la suite de gauche à l'aide d'une des trois formes de droite.

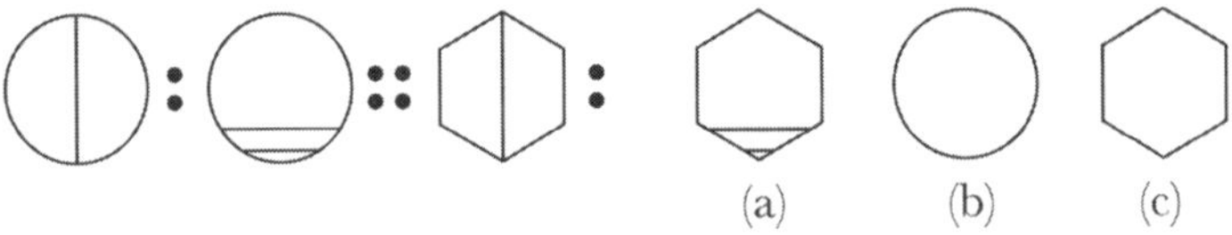

4. Complétez la suite de gauche à l'aide d'une des trois formes de droite.

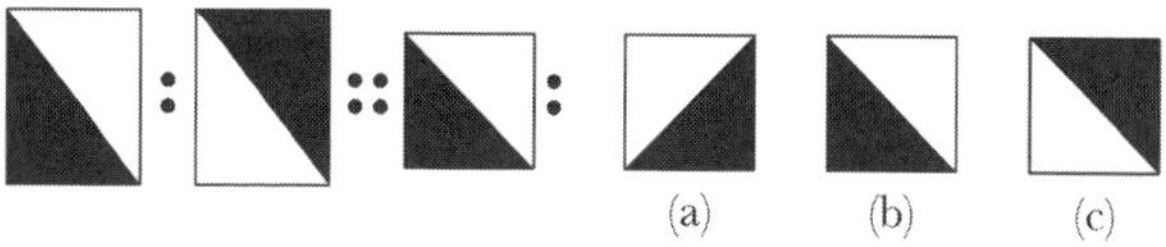

5. Complétez la suite de gauche à l'aide d'une des trois formes de droite.

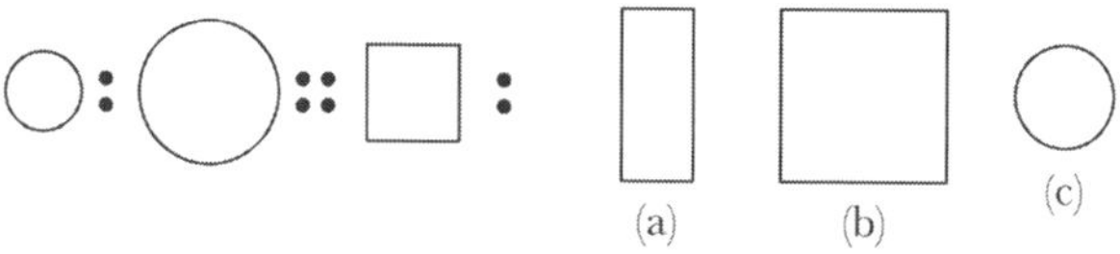

6. Complétez la suite de gauche à l'aide d'une des trois formes de droite.

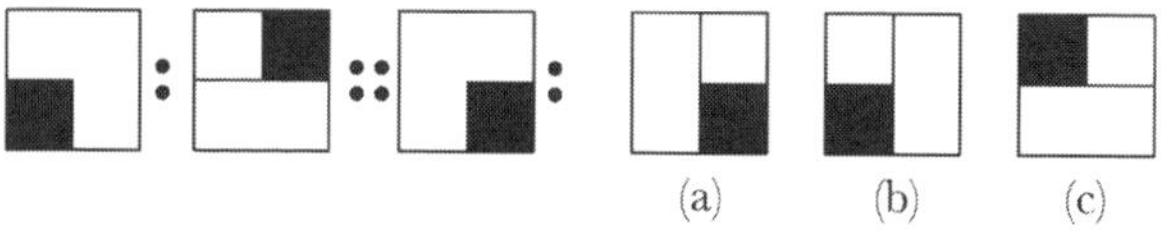

7. Complétez la suite de gauche à l'aide d'une des trois formes de droite.

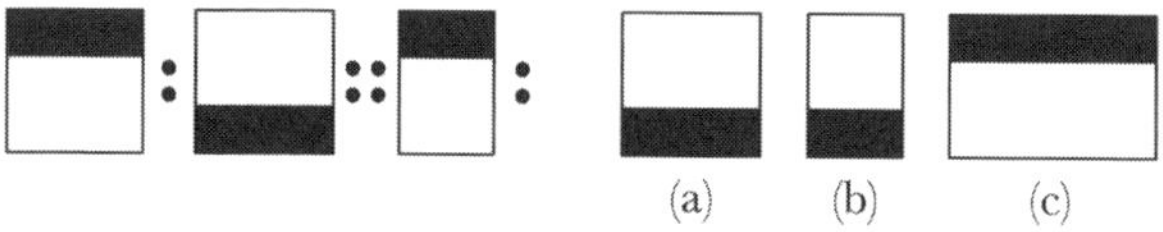

8. **Complétez la suite de gauche à l'aide d'une des trois formes de droite.**

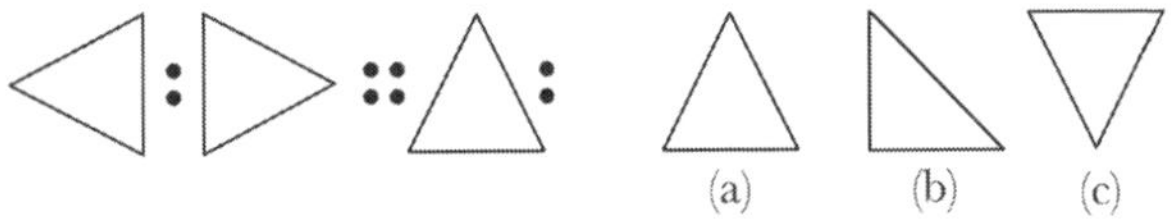

9. **Complétez la suite de gauche à l'aide d'une des trois formes de droite.**

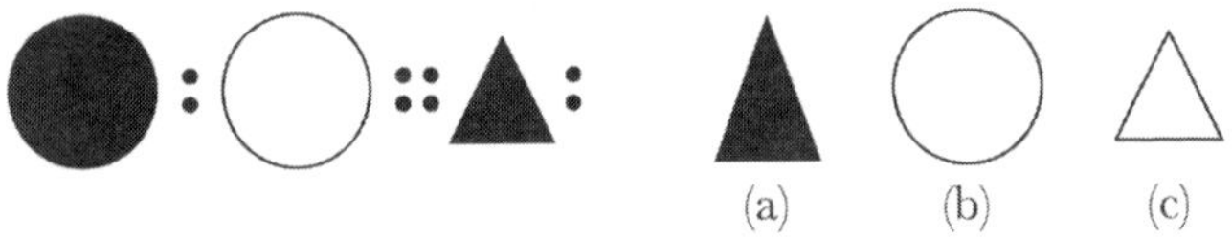

10. **Complétez la suite de gauche à l'aide d'une des trois formes de droite.**

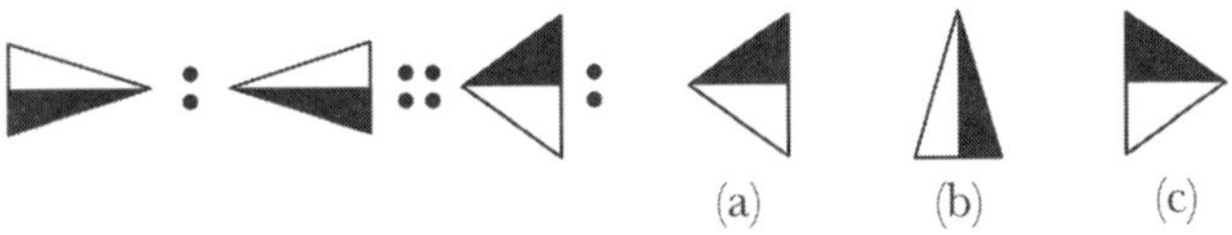

RÉPONSES

1. *(b) C'est la seule figure qui n'a pas deux triangles.*
2. *(b) C'est la figure miroir du triangle équilatéral.*
3. *(a) Elle a le même motif de barres horizontales que le second cercle.*
4. *(c) C'est l'image inversée du petit carré.*
5. *(b) Le carré le plus grand est l'équivalent du cercle le plus grand.*
6. *(c) Le petit carré noir change d'angle le long d'une diagonale et s'enrichit d'un trait horizontal.*

7. *(b) Il a la même taille que le rectangle.*
8. *(c) C'est l'opposé du second triangle.*
9. *(c) Les deux cercles ont la même taille, les deux triangles aussi.*
10. *(c) Les figures sont le miroir l'une de l'autre.*

RÉSULTAT

Comptez 16,5 points par bonne réponse.

165 *Génie*
148-132 *Doué/Intelligence supérieure*
115 ***Intelligence au-dessus de la moyenne***
99 ***Intelligence moyenne***
83 ***Intelligence au-dessous de la moyenne***
70 ***(et moins) Intelligence très faible***

CHAPITRE 2

Quiz de maths

L'échelle d'intelligence de Wechsler

Dans les années 1930, le psychologue américain David Wechsler (1896-1981) étudia l'intelligence humaine et la définit comme la capacité « à agir dans un but précis, à penser de manière rationnelle et à se confronter à son environnement de façon efficace ».

Wechsler estima que le test de Stanford-Binet était trop limité. Dans son désir de mieux mesurer l'intelligence sur le long terme, Wechsler créa trois tests de QI : l'un pour les enfants (Wechsler Intelligence Scale for Children, ou WISC), un autre destiné aux maternelles et écoles primaires (Wechsler Preschool and Primary Scale of Intelligence, ou WPPSI) et un troisième pour les adultes (Wechsler Adult Intelligence Scale, ou WAIS).

Wechsler rejetait la méthode d'évaluation de Stanford basée sur l'âge mental et l'âge chronologique. Il développa une procédure comparant les résultats des tests à ceux d'autres participants issus du même groupe d'âge. Wechsler constata qu'un score de 100 représentait le niveau moyen, et montra que les deux tiers des enfants et des adultes testés avaient obtenu entre 85 et 115, ce qui selon lui indiquait une intelligence normale.

La méthode de David Wechsler devint le système d'évaluation standard durant la seconde moitié du XXe siècle et a toujours cours aujourd'hui.

Problèmes

1. Lors d'un test, Marie a obtenu un résultat qui est à la fois le 11e plus élevé et le 11e plus bas de sa classe. Combien y a-t-il d'élèves dans cette classe ?

   (a) 23
   (b) 21
   (c) 11
   (d) 29
   (e) 12

2. Un pull est soldé à 50 % de son prix initial. Pour pouvoir être revendu à son prix de départ, de quel pourcentage le prix du pull devrait être majoré ?

   (a) 25 %
   (b) 50 %
   (c) 75 %
   (d) 100 %
   (e) 150 %

3. En une journée, un primeur a vendu 360 kg d'oranges. Le magasin a écoulé deux fois plus d'oranges l'après-midi que le matin ; combien de kilos a-t-il vendus le matin, et combien l'après-midi ?

   (a) 80 kg le matin et 280 l'après-midi
   (b) 90 kg le matin et 270 l'après-midi
   (c) 120 kg le matin et 240 l'après-midi
   (d) 100 kg le matin et 260 l'après-midi
   (e) 140 kg le matin et 220 l'après-midi

4. Barnabé a 15 ans. Il est trois fois plus âgé que sa sœur. À quel âge sera-t-il deux fois plus âgé qu'elle ?

   (a) 18
   (b) 21
   (c) 24
   (d) 20
   (e) 33

5. **Une voiture parcourt 281 km en 4 heures et 41 minutes. Quelle a été sa vitesse moyenne en km/h ?**

[a] 75 km/h
[b] 60 km/h
[c] 55 km/h
[d] 50 km/h
[e] 45 km/h

6. **Gontran a acheté 20 cartes à l'effigie de son club de foot préféré. Certaines coûtent 25 centimes, d'autres 15. Sachant qu'il a dépensé 4,20 €, combien de cartes de chaque prix a-t-il acquises ?**

[a] 8 cartes à 25 centimes et 12 à 15 centimes
[b] 10 cartes à 25 centimes et 10 à 15 centimes
[c] 14 cartes à 25 centimes et 6 à 15 centimes
[d] 6 cartes à 25 centimes et 14 à 15 centimes
[e] 12 cartes à 25 centimes et 8 à 15 centimes

7. **Une classe de terminale compte 40 élèves. 40 % ont pris l'option grec ancien, 30 % ont choisi le latin et 10 % ont pris les deux. Combien d'élèves n'ont rien pris ?**

[a] 8
[b] 17
[c] 18
[d] 19
[e] 20

8. **Deux pompes fonctionnant simultanément peuvent remplir une citerne d'eau en 18 minutes. L'une d'elles pompe deux fois plus rapidement que l'autre. Si chaque engin devait travailler séparément, combien de temps mettrait chacun d'eux à remplir la citerne ?**

[a] 20 minutes pompe rapide, 61 minutes pompe lente
[b] 23 minutes pompe rapide, 46 minutes pompe lente
[c] 27 minutes pompe rapide, 54 minutes pompe lente
[d] 30 minutes pompe rapide, 60 minutes pompe lente
[e] 33 minutes pompe rapide, 59 minutes pompe lente

9. **Odette a lu les deux tiers d'un roman. Sachant que la partie lue est plus longue de 90 pages que la partie non lue, combien de pages contient le livre ?**
   (a) 300 pages
   (b) 270 pages
   (c) 295 pages
   (d) 287 pages
   (e) 250 pages

10. **Alphonse a pensé à un nombre qui, divisé par 5 puis soustrait à 154, donne 6. Quel est ce nombre ?**
   (a) 524
   (b) 774
   (c) 400
   (d) 664
   (e) 800

RÉPONSES

1. *(b) 21.*
2. *(d) 100 %.*
3. *(c) 120 kg le matin et 240 l'après-midi.*
4. *(d) 20.*
5. *(b) 60 km/h.*
6. *(e) 12 cartes à 25 centimes et 8 à 15 centimes.*
7. *(a) 8.*
8. *(c) 27 minutes pompe rapide, 54 minutes pompe lente.*
9. *(b). 270 pages.*
10. *(e) 800.*

RÉSULTAT

Comptez 16,5 points par bonne réponse.

165 *Génie*

148-132 *Doué/Intelligence supérieure*

115 *Intelligence au-dessus de la moyenne*

99 *Intelligence moyenne*

83 *Intelligence au-dessous de la moyenne*

70 *(et moins) Intelligence très faible*

Séries de nombres

Dans chacun de ces problèmes, identifiez le nombre qui vient à la suite de la série.

1. 5 6 10 12 20 23 40 44

(a) 80
(b) 66
(c) 21
(d) 128
(e) 60

2. 5 13 21 29 37 45

(a) 53
(b) 52
(c) 61
(d) 51
(e) 54

3. 2 5 10 17 26 37 50 65 82

(a) 144
(b) 101
(c) 88
(d) 89
(e) 90

4. 503 484 465 446 427 408

(a) 398
(b) 308
(c) 309
(d) 399
(e) 389

5. 737 774 811 848 885

(a) 903
(b) 907
(c) 922
(d) 897
(e) 921

6. 4 3 5 4 7 6 10 9 14 13 19 18

(a) 21
(b) 22
(c) 23
(d) 24
(e) 25

7. 17 51 153 459 1 377

(a) 2 922
(b) 3 123
(c) 3 759
(d) 4 131
(e) 4 427

8. 431 422 413 404 395

(a) 386
(b) 387
(c) 388
(d) 389
(e) 385

9. 291 293 586 588 1 176 1 178 2 356 2 358

(a) 4 671
(b) 4 167
(c) 4 716
(d) 4 617
(e) 6 147

10. 17 14 22 19 27 24 32 29 37 34 42

(a) 29
(b) 39
(c) 41
(d) 46
(e) 43

RÉPONSES

1. *(a) 80. L'enchaînement de la série est : Ajoutez 1, doublez le premier nombre ; ajoutez 2, doublez le troisième nombre ; ajoutez 3, doublez le cinquième nombre ; ajoutez 4, doublez le septième nombre.*

2. *(a) 53. La série est créée en ajoutant 8.*

3. *(b) 101. La série est créée en ajoutant à chaque étape un nombre impair, dans l'ordre croissant, en commençant par 3. En d'autres termes : plus 3, plus 5, plus 7, plus 9, etc.*

4. *(e) 389. La série s'effectue en soustrayant 19 du nombre précédent.*

5. *(c) 922. La série s'effectue en ajoutant 37 au nombre précédent.*

6. *(e) 25. L'enchaînement de la série est : moins 1, plus 2 ; moins 1, plus 3 ; moins 1, plus 4, et ainsi de suite.*

7. *(d) 4 131. Le nombre triple à chaque fois.*

8. *(a) 386. Le nombre décroît de 9 à chaque fois.*

9. *(c) 4 716. Le principe de la série est : plus 2, multiplié par 2.*

10. *(b) 39. La série fonctionne ainsi : moins 3, plus 8.*

RÉSULTAT

Comptez 16,5 points par bonne réponse.

165 ***Génie***
148-132 ***Doué/Intelligence supérieure***
115 ***Intelligence au-dessus de la moyenne***
99 ***Intelligence moyenne***
83 ***Intelligence au-dessous de la moyenne***
70 ***(et moins) Intelligence très faible***

Nombres manquants

Identifiez le nombre manquant dans chaque série.

1. 316 — 302 295 288 281
   (a) 304
   (b) 303
   (c) 301
   (d) 309
   (e) 310

2. 6/24 12/48 18/72 24/96 30/120 36/—
   (a) 125
   (b) 144
   (c) 143
   (d) 126
   (e) 114

3. 39 78 117 195 312 507 —
   (a) 819
   (b) 737
   (c) 624
   (d) 799
   (e) 818

4. 2 3 5 7 11 13 17 19 — 29 31
   (a) 20
   (b) 21
   (c) 22
   (d) 23
   (e) 27

5. 148 444 1 332 3 996 11 988 —
   (a) 23 000
   (b) 23 976
   (c) 29 970
   (d) 33 102
   (e) 35 964

6. 14 568 — 3 642 1 821 910,5 455,25

(a) 12 366
(b) 10 888
(c) 7 284
(d) 8 675
(e) 9 324

7. — 246 239 232 225 218

(a) 253
(b) 254
(c) 255
(d) 256
(e) 257

8. 655 663 — 679 687 695

(a) 670
(b) 671
(c) 675
(d) 680
(e) 678

9. 926 936 931 941 936 946 — 951

(a) 937
(b) 938
(c) 939
(d) 940
(e) 941

10. 31/93 47/141 52/156 66/198 74/222 89/—

(a) 231
(b) 243
(c) 267
(d) 255
(e) 266

RÉPONSES

1. *(d) 309. La série se construit en soustrayant 7 du nombre précédent.*

2. *(b) 144. Le dénominateur est égal à 4 fois le numérateur.*

3. *(a) 819. Le premier nombre est doublé, puis chaque nombre suivant est la somme des deux précédents.*

4. *(d) 23. Les nombres sont tous des nombres premiers (ne pouvant être divisés que par 1 ou par eux-mêmes).*

5. *(e) 35 964. Les nombres triplent.*

6. *(c) 7 284. Chaque nombre est la moitié de celui qui le précède.*

7. *(a) 253. Le nombre décroît de 7 à chaque fois.*

8. *(b) 671. Le nombre croît de 8 à chaque fois.*

9. *(e) 941. La série se construit ainsi : plus 10, moins 5.*

10. *(c) 267. Le dénominateur est égal à 3 fois le numérateur.*

RÉSULTAT

Comptez 16,5 points par bonne réponse.

165 ***Génie***
148-132 ***Doué/Intelligence supérieure***
115 ***Intelligence au-dessus de la moyenne***
99 ***Intelligence moyenne***
83 ***Intelligence au-dessous de la moyenne***
70 ***(et moins) Intelligence très faible***

Problèmes II

1. **Un fabricant de DVD dépense X € par disque pour fournir les 1 000 premiers exemplaires d'un titre. Au-delà, le coût unitaire tombe à un tiers de X €. Si X = 1,50 €, combien le fabricant dépensera-t-il pour produire 4 000 DVD ?**

   (a) 2 500 €
   (b) 3 000 €
   (c) 3 500 €
   (d) 3 750 €
   (e) 4 000 €

2. **Un train roulant à 60 km/h entre dans un tunnel. Sachant que le tunnel fait 5 km de long et le train, 1 000 m, combien de minutes faudra-t-il au véhicule pour traverser totalement le tunnel ?**

   (a) 10 minutes
   (b) 9 minutes
   (c) 8 minutes
   (d) 7 minutes
   (e) 6 minutes

3. **Lors d'une élection locale, le candidat de la majorité présidentielle a récolté 1,5 fois plus de voix que son adversaire de l'opposition. Ce dernier, de son côté, a amassé un tiers de votes de plus que le représentant du parti indépendant. Sachant que celui-ci est crédité de 900 voix, combien de bulletins le candidat de la majorité a-t-il obtenus ?**

   (a) 600
   (b) 1 200
   (c) 1 500
   (d) 1 700
   (e) 1 800

4. Le prix de vente d'un CD est fixé à 8,95 € ; 800 copies ont été vendues. 60 % des CD ont été vendus avec une réduction de 50 %, 20 % l'ont été avec une réduction de 30 % ; le reste s'est écoulé au prix normal de 8,95 €. En arrondissant à 1 € près, quel chiffre d'affaires a généré cette vente ?
   [a] 4 431
   [b] 4 582
   [c] 4 213
   [d] 3 999
   [e] 4 114

5. Pour Jean-Robert, une journée de travail ordinaire commence à 8 h 45 et s'achève à 17 h 15. Sachant qu'il est autorisé à prendre 60 minutes pour déjeuner et 30 minutes en pauses café, combien d'heures Jean-Robert travaille-t-il en 5 jours ?
   [a] 40 heures
   [b] 39 heures
   [c] 35 heures
   [d] 36 heures
   [e] 37 heures

6. Le serveur d'un restaurant apporte l'addition au couple d'amoureux de la table 15. Ceux-ci ont commandé pour 12,50 € pour les entrées, 28,55 € pour les plats et 8,95 € pour les desserts. Fort satisfait du service et de sa soirée, le couple décide d'octroyer au serveur 15 % de pourboire. Combien vont-ils payer au final ?
   [a] 56,25 €
   [b] 57,50 €
   [c] 55 €
   [d] 52,75 €
   [e] 51,50 €

7. Le lot de 10 crayons à papier est fixé à 1,80 €. Dans le cadre d'une opération commerciale spéciale rentrée, le prix est réduit de 15 %. Combien le lot de crayons va-t-il coûter finalement ?
   (a) 1,53 €
   (b) 1,30 €
   (c) 1,35 €
   (d) 1,49 €
   (e) 1,60 €

8. En 1964, le volley-ball devint une discipline olympique. 73 ans plus tôt, le basket-ball était inventé. En quelle année précisément ?
   (a) 1873
   (b) 1903
   (c) 1907
   (d) 1891
   (e) 1900

9. Kevin et Momo collectionnent les cartes de foot. Kevin en a 248 et Momo, 75 de plus. Combien Momo a-t-il de cartes ?
   (a) 299
   (b) 301
   (c) 323
   (d) 275
   (e) 335

10. Un fast-food paie ses employés 7,95 € de l'heure, du lundi au vendredi. Ceux qui travaillent le samedi ou le dimanche touchent 9,25 € de l'heure. Ulla, qui commence le lundi, travaille 7 heures par jour durant 6 jours consécutifs. Combien gagne-t-elle en 1 semaine ?
    (a) 343 €
    (b) 299,25 €
    (c) 303 €
    (d) 314,75 €
    (e) 351 €

RÉPONSES

1. *(b) 3 000 €.*

2. *(e) 6 minutes.*

3. *(e) 1 800 votes.*

4. *(b) 4 582 €.*

5. *(c) 35 heures.*

6. *(b) 57,50 €.*

7. *(a) 1,53 €.*

8. *(d) 1891.*

9. *(c) 323 cartes.*

10. *(a) 343 €.*

RÉSULTAT

Comptez 16,5 points par bonne réponse.

165 *Génie*
148-132 *Doué/Intelligence supérieure*
115 *Intelligence au-dessus de la moyenne*
99 *Intelligence moyenne*
83 *Intelligence au-dessous de la moyenne*
70 *(et moins) Intelligence très faible*

Problèmes III

1. Un fermier possède 8 bêtes, cochons et poulets confondus. Si l'on considère qu'il y a 26 pattes pataugeant dans l'enclos, combien y a-t-il de poulets et combien de cochons ?
   [a] 1 poulet et 7 cochons
   [b] 2 poulets et 6 cochons
   [c] 4 poulets et 4 cochons
   [d] 5 poulets et 3 cochons
   [e] 3 poulets et 5 cochons

2. Jeannot , Marcel et Lucienne ont organisé une fête. Chacun d'eux a invité 1 personne. Chacun de ces invités vient accompagné de 2 amis, et chacun de ces 2 amis arrive flanqué de 3 autres invités. Combien de boute-en-train ont participé à la fête (y compris Jeannot, Marcel et Lucienne) ?
   [a] 30 personnes
   [b] 33 personnes
   [c] 35 personnes
   [d] 37 personnes
   [e] 39 personnes

3. La population du petit village de Cafougnon-sur-Blair croît chaque année. La première année, 3 nouvelles familles s'y sont installées. L'année suivante, 8 familles, puis 13 la suivante, et encore 18 celle d'après. Si l'on admet que ce rythme de progression se maintient, au cours de quelle année verra-t-on 43 nouvelles familles s'installer à Cafougnon-sur-Blair ?
   [a] la 8e année
   [b] la 9e année
   [c] la 11e année
   [d] la 12e année
   [e] la 13e année

4. **Gilou dépense 11 € pour s'acheter une place de cinéma et du pop-corn. Le ticket coûte 5 € de plus que le paquet de pop-corn. Quel est le prix du billet ?**
   [a] 5 €
   [b] 6 €
   [c] 7 €
   [d] 8 €
   [e] 9 €

5. **L'équipe de foot de Poliveau-sur-Bastringue a 24 joueurs. L'équipe de Suzon-sous-Berte, la bourgade voisine, en a 27. Quant à celle de Molduc-la-Virole, elle en a 18 de moins que les deux autres équipes réunies. Combien de joueurs défendent les couleurs de ce dernier village ?**
   [a] 33 joueurs
   [b] 51 joueurs
   [c] 42 joueurs
   [d] 29 joueurs
   [e] 19 joueurs

6. **Caroline avait 1 000 € sur son compte. Samedi, elle y a déposé 250 €, avant d'en retirer 540 le lundi. Quel est alors le solde de son compte ?**
   [a] 444 €
   [b] 625 €
   [c] 710 €
   [d] 801 €
   [e] 715 €

7. **Un parking souterrain facture 6 € pour la première heure de stationnement puis 5 € pour toute heure supplémentaire entamée. Si un touriste dépose sa voiture à 18 heures et la récupère à 22 h 30, combien paiera-t-il sa place de parking ?**
   [a] 22 €
   [b] 23 €

[c] 24 €
[d] 25 €
[e] 26 €

8. **Afin de financer un week-end à la montagne, une classe de troisième vend de la petite papeterie. Une boîte de papier à lettres coûte 12 € ; un bloc-notes multicolore et son stylo fluo sont vendus 8 €. Le total de la collecte se monte à 1 236 €. Si les élèves ont écoulé 55 paquets de papier à lettres, combien de lots de bloc-notes et stylos ont-ils vendus ?**
[a] 68
[b] 72
[c] 69
[d] 71
[e] 82

9. **4 potes ont acheté une voiture d'occasion pour 1 250 €. Ils ont dépensé 575 € en pièces détachées pour la remettre en état. Les 4 amis revendent le véhicule ainsi réparé pour 4 605 € et se mettent d'accord pour se partager équitablement le bénéfice récolté. Combien chacun reçoit-il ?**
[a] 1 825 €
[b] 2 780 €
[c] 695 €
[d] 525 €
[e] 780 €

10. **10 équipes amateurs vont participer à un tournoi de football. Chaque équipe doit affronter chaque autre équipe une fois et une seule fois. Combien de matchs vont se jouer durant le tournoi ?**
[a] 45
[b] 36
[c] 28
[d] 21
[e] 10

RÉPONSES

1. *(e) 3 poulets et 5 cochons.*

2. *(a) 30 personnes.*

3. *(b) la 9e année.*

4. *(d) 8 €.*

5. *(a) 33 joueurs.*

6. *(c) 710 €.*

7. *(e) 26 €.*

8. *(b) 72.*

9. *(c) 695 €.*

10. *(a) 45.*

RÉSULTAT

Comptez 16,5 points par bonne réponse.

165 *Génie*
148-132 *Doué/Intelligence supérieure*
115 *Intelligence au-dessus de la moyenne*
99 *Intelligence moyenne*
83 *Intelligence au-dessous de la moyenne*
70 *(et moins) Intelligence très faible*

CHAPITRE 3

Synonymes, antonymes ou... ni l'un ni l'autre

La controverse

Alors que le test de QI était devenu un élément clé de la société américaine – il était aussi bien utilisé au sein des écoles primaires que par les patrons soucieux de mesurer les aptitudes d'un futur employé –, certains détails dérangeants éveillèrent l'intérêt de chercheurs et de citoyens lambda.

Ainsi, les Afro-Américains et Hispano-Américains qui passaient le test avaient tendance à obtenir des résultats inférieurs à ceux des Blancs. De même, les individus aisés réussissaient mieux que les pauvres, et les représentants de la communauté asiatique surpassaient tous les groupes raciaux confondus.

Dans les années 1970, les critiques accusèrent les concepteurs de ces tests de formuler des questions reflétant essentiellement la classe moyenne blanche américaine. Ainsi, quand on demandait à un enfant d'associer le mot « tasse » à son compagnon logique, le terme « soucoupe » était attendu. Or, pourquoi un enfant grandissant dans un foyer ne possédant pas ou n'utilisant pas de soucoupes ne pourrait-il répondre par le mot « table » et voir sa réponse validée ?

C'est alors que psychologues, généticiens, chercheurs en sciences humaines et autres experts du domaine de l'intelligence humaine entreprirent de débattre des facteurs environnementaux – l'endroit où vivait l'individu testé et la manière dont il avait été élevé – et de leur impact sur les résultats du test de QI.

Aujourd'hui encore, bien que les enfants soient toujours soumis à ces questionnaires, le débat sur le type de questions qui y figure et sur la valeur des résultats continue de faire rage.

Synonymes, antonymes ou... ni l'un ni l'autre I

1. **Paisible et limpide sont**
   (a) synonymes
   (b) antonymes
   (c) ni l'un ni l'autre

2. **Narcissique et vaniteux sont**
   (a) synonymes
   (b) antonymes
   (c) ni l'un ni l'autre

3. **Vorace et rapace sont**
   (a) synonymes
   (b) antonymes
   (c) ni l'un ni l'autre

4. **Honteux et infâme sont**
   (a) synonymes
   (b) antonymes
   (c) ni l'un ni l'autre

5. **Blafard et coloré sont**
   (a) synonymes
   (b) antonymes
   (c) ni l'un ni l'autre

6. **Viril et virulent sont**
   (a) synonymes
   (b) antonymes
   (c) ni l'un ni l'autre

7. **Fiancé et promis sont**
   (a) synonymes
   (b) antonymes
   (c) ni l'un ni l'autre

8. Effronterie et frontalier sont

(a) synonymes
(b) antonymes
(c) ni l'un ni l'autre

9. Notable et significatif sont

(a) synonymes
(b) antonymes
(c) ni l'un ni l'autre

10. Poreux et peureux sont

(a) synonymes
(b) antonymes
(c) ni l'un ni l'autre

RÉPONSES

1. *(c) ni l'un ni l'autre.*

2. *(a) synonymes.*

3. *(c) ni l'un ni l'autre.*

4. *(a) synonymes.*

5. *(b) antonymes.*

6. *(c) ni l'un ni l'autre.*

7. *(a) synonymes.*

8. *(c) ni l'un ni l'autre.*

9. *(a) synonymes.*

10. *(c) ni l'un ni l'autre.*

RÉSULTAT

Comptez 16,5 points par bonne réponse.

165 *Génie*
148-132 *Doué/Intelligence supérieure*
115 *Intelligence au-dessus de la moyenne*
99 *Intelligence moyenne*
83 *Intelligence au-dessous de la moyenne*
70 *(et moins) Intelligence très faible*

Synonymes, antonymes ou... ni l'un ni l'autre II

1. **Cuir et mijoter sont**
   (a) synonymes
   (b) antonymes
   (c) ni l'un ni l'autre

2. **Marais et marécage sont**
   (a) synonymes
   (b) antonymes
   (c) ni l'un ni l'autre

3. **Repoussant et séduisant sont**
   (a) synonymes
   (b) antonymes
   (c) ni l'un ni l'autre

4. **Vignette et vinaigre sont**
   (a) synonymes
   (b) antonymes
   (c) ni l'un ni l'autre

5. **Babiole et trésor sont**
   (a) synonymes
   (b) antonymes
   (c) ni l'un ni l'autre

6. **Traverse et flûte sont**
   (a) synonymes
   (b) antonymes
   (c) ni l'un ni l'autre

7. **Didactique et pédagogique sont**
   (a) synonymes
   (b) antonymes
   (c) ni l'un ni l'autre

8. **Avant-coureur et précurseur sont**
   (a) synonymes
   (b) antonymes
   (c) ni l'un ni l'autre

9. **Népotisme et despotisme sont**
   (a) synonymes
   (b) antonymes
   (c) ni l'un ni l'autre

10. **Nadir et zénith sont**
   (A) synonymes
   (B) antonymes
   (C) ni l'un ni l'autre

RÉPONSES

1. *(c) ni l'un ni l'autre.*

2. *(a) synonymes.*

3. *(b) antonymes.*

4. *(c) ni l'un ni l'autre.*

5. *(b) antonymes.*

6. *(c) ni l'un ni l'autre.*

7. *(a) synonymes.*

8. *(a) synonymes.*

9. *(c) ni l'un ni l'autre.*

10. *(b) antonymes.*

RÉSULTAT

Comptez 16,5 points par bonne réponse.

165 *Génie*
148-132 *Doué/Intelligence supérieure*
115 *Intelligence au-dessus de la moyenne*
99 *Intelligence moyenne*
83 *Intelligence au-dessous de la moyenne*
70 *(et moins) Intelligence très faible*

Synonymes, antonymes ou… ni l'un ni l'autre III

1. **Peste et fléau sont**
   (a) synonymes
   (b) antonymes
   (c) ni l'un ni l'autre

2. **Lacrymal et jovial sont**
   (a) synonymes
   (b) antonymes
   (c) ni l'un ni l'autre

3. **Polariser et concentrer sont**
   (a) synonymes
   (b) antonymes
   (c) ni l'un ni l'autre

4. **Vaseux et pot de fleurs sont**
   (a) synonymes
   (b) antonymes
   (c) ni l'un ni l'autre

5. **Clique et faction sont**
   (a) synonymes
   (b) antonymes
   (c) ni l'un ni l'autre

6. **Virtuose et saint sont**
   (a) synonymes
   (b) antonymes
   (c) ni l'un ni l'autre

7. **Force et faiblesse sont**
   (a) synonymes
   (b) antonymes
   (c) ni l'un ni l'autre

8. **Charlatan et imposteur sont**
   (a) synonymes
   (b) antonymes
   (c) ni l'un ni l'autre

9. **Risible et solennel sont**
   (a) synonymes
   (b) antonymes
   (c) ni l'un ni l'autre

10. **Avec panache et sans style sont**
   (a) synonymes
   (b) antonymes
   (c) ni l'un ni l'autre

RÉPONSES

1. *(a) synonymes.*
2. *(b) antonymes.*
3. *(a) synonymes.*
4. *(c) ni l'un ni l'autre.*
5. *(a) synonymes.*
6. *(c) ni l'un ni l'autre.*
7. *(b) antonymes.*
8. *(a) synonymes.*
9. *(b) antonymes.*
10. *(b) antonymes.*

RÉSULTAT

Comptez 16,5 points par bonne réponse.

165 *Génie*
148-132 *Doué/Intelligence supérieure*
115 *Intelligence au-dessus de la moyenne*
99 *Intelligence moyenne*
83 *Intelligence au-dessous de la moyenne*
70 *(et moins) Intelligence très faible*

Synonymes, antonymes ou… ni l'un ni l'autre IV

1. **Emmurer et libérer sont**
   (a) synonymes
   (b) antonymes
   (c) ni l'un ni l'autre

2. **Diaphane et transparent sont**
   (a) synonymes
   (b) antonymes
   (c) ni l'un ni l'autre

3. **Maladroit et habile sont**
   (a) synonymes
   (b) antonymes
   (c) ni l'un ni l'autre

4. **Salubre et moche sont**
   (a) synonymes
   (b) antonymes
   (c) ni l'un ni l'autre

5. **Traumatisant et joyeux sont**
   (a) synonymes
   (b) antonymes
   (c) ni l'un ni l'autre

6. **Impulsif et intrusif sont**
   (a) synonymes
   (b) antonymes
   (c) ni l'un ni l'autre

7. **Prodigieux et mirifique sont**
   (a) synonymes
   (b) antonymes
   (c) ni l'un ni l'autre

8. **Fastidieux et divertissant sont**
   (a) synonymes
   (b) antonymes
   (c) ni l'un ni l'autre

9. **Némésis et ennemi juré sont**
   (a) synonymes
   (b) antonymes
   (c) ni l'un ni l'autre

10. **Gargantuesque et sibyllin sont**
   (a) synonymes
   (b) antonymes
   (c) ni l'un ni l'autre

RÉPONSES

1. *(b) antonymes.*
2. *(a) synonymes.*
3. *(b) antonymes.*
4. *(c) ni l'un ni l'autre.*
5. *(b) antonymes.*
6. *(c) ni l'un ni l'autre.*
7. *(a) synonymes.*
8. *(b) antonymes.*
9. *(a) synonymes.*
10. *(c) ni l'un ni l'autre.*

RÉSULTAT

Comptez 16,5 points par bonne réponse.

165 *Génie*
148-132 *Doué/Intelligence supérieure*
115 *Intelligence au-dessus de la moyenne*
99 *Intelligence moyenne*
83 *Intelligence au-dessous de la moyenne*
70 *(et moins) Intelligence très faible*

Synonymes, antonymes ou... ni l'un ni l'autre V

1. **Apogée et moisson sont**
   (a) synonymes
   (b) antonymes
   (c) ni l'un ni l'autre

2. **Prolixe et verbeux sont**
   (a) synonymes
   (b) antonymes
   (c) ni l'un ni l'autre

3. **Acclamations et félicitations sont**
   (a) synonymes
   (b) antonymes
   (c) ni l'un ni l'autre

4. **Quinzaine et barricade sont**
   (a) synonymes
   (b) antonymes
   (c) ni l'un ni l'autre

5. **Perspicacité et bêtise sont**
   (a) synonymes
   (b) antonymes
   (c) ni l'un ni l'autre

6. **Laquais et maître sont**
   (a) synonymes
   (b) antonymes
   (c) ni l'un ni l'autre

7. **Liaison et passade sont**
   (a) synonymes
   (b) antonymes
   (c) ni l'un ni l'autre

8. **Apocryphe et fictif sont**
   (a) synonymes
   (b) antonymes
   (c) ni l'un ni l'autre

9. **Servile et arrogant sont**
   (a) synonymes
   (b) antonymes
   (c) ni l'un ni l'autre

10. **Patricien et aristocrate**
   (a) synonymes
   (b) antonymes
   (c) ni l'un ni l'autre

RÉPONSES

1. *(c) ni l'un ni l'autre.*

2. *(a) synonymes.*

3. *(a) synonymes.*

4. *(c) ni l'un ni l'autre.*

5. *(b) antonymes.*

6. *(b) antonymes.*

7. *(a) synonymes.*

8. *(a) synonymes.*

9. *(b) antonymes.*

10. *(a) synonymes.*

RÉSULTAT

Comptez 16,5 points par bonne réponse.

165 *Génie*
148-132 *Doué/Intelligence supérieure*
115 *Intelligence au-dessus de la moyenne*
99 *Intelligence moyenne*
83 *Intelligence au-dessous de la moyenne*
70 *(et moins) Intelligence très faible*

CHAPITRE 4

Testez votre vocabulaire

Quelques QI célèbres de l'histoire

Quel était le QI de Galilée ? Et celui d'Abraham Lincoln ? Ou encore celui de la mathématicienne et philosophe grecque Hypatie (370-415) ? Comment répondre à cette question, puisque le test de QI n'existait pas de leur temps ?

Dans les années 1920, la psychologue américaine Catherine Cox Miles entreprit d'étudier le parcours développemental de 100 génies. Elle identifia alors 67 traits de caractère qui devinrent la base de son calcul du QI.

Dans les années 1990, Tony Buzan, un expert anglais en intelligence et apprentissage accéléré, confirma les thèses de Cox Miles, y ajouta sa propre liste de génies et réévalua certains résultats antérieurs. En voici un échantillon :

William Shakespeare 210 (Buzan)

Sir Isaac Newton 190 (Buzan 195)

Léonard de Vinci 180 (Buzan 220)

Marie Curie 180 (Buzan)

Georg Friedrich Handel 170

Hypatie 170 (Buzan 210)
Galilée 165
Charlotte Brontë 165
Wolfgang Amadeus Mozart 165
Albert Einstein 160 (Buzan 205)
Benjamin Franklin 160 (Buzan 185)
Thomas Jefferson 160
Charles Darwin 153
George Eliot 150 (Buzan 180)
Abraham Lincoln 150
George Washington 140
Ulysses S. Grant 130

Testez votre vocabulaire I

1. **Quelque chose de toxique est**
   (a) agaçant
   (b) vénéneux
   (c) bruyant
   (d) graisseux
   (e) circulaire

2. **Une bombance est**
   (a) un excellent repas
   (b) un instrument de musique
   (c) une arme explosive
   (d) une friandise
   (e) une fille sexy

3. **Un enfant séditieux est**
   (a) en surpoids
   (b) casanier
   (c) rebelle
   (d) obscène
   (e) sportif

4. **Une personne nomade**
   (a) voyage d'un lieu à l'autre
   (b) a l'esprit chagrin
   (c) fait du porte-à-porte
   (d) change d'avis comme de chemise
   (e) n'a pas d'amis

5. **Prendre ombrage, c'est**
   (a) voler
   (b) se sentir offensé
   (c) souscrire une assurance-vie
   (d) se mettre à l'abri du soleil
   (e) tirer une leçon de quelque chose

6. Un hiérarque est

[a] un chef d'État autoritaire
[b] un évêque
[c] un alphabet ancien
[d] un pratiquant fervent d'une religion
[e] un diplômé d'une grande école

7. Un soiffard

[a] boit trop d'alcool
[b] a une maladie qui le fait baver
[c] est un employé de bar à vin
[d] est un distributeur d'eau minérale
[e] est un mauvais danseur

8. Un champ fécond est

[a] en putréfaction
[b] stérile
[c] plein de mauvaises herbes
[d] inondé
[e] fertile

9. Agir avec aplomb, c'est être

[a] timide
[b] bruyant
[c] nerveux
[d] sûr de soi
[e] embarrassé

10. Un misanthrope

[a] déteste les gens
[b] étudie l'évolution de l'Homme
[c] est une antilope femelle
[d] est une équation mathématique
[e] observe les étoiles

RÉPONSES

1. *(b) vénéneux.*
2. *(a) un excellent repas.*
3. *(c) rebelle.*
4. *(a) voyage d'un lieu à l'autre.*
5. *(b) se sentir offensé.*
6. *(b) un évêque.*
7. *(a) boit trop d'alcool.*
8. *(e) fertile.*
9. *(d) sûr de soi.*
10. *(a) déteste les gens.*

RÉSULTAT

Comptez 16,5 points par bonne réponse.

165 ***Génie***
148-132 ***Doué/Intelligence supérieure***
115 ***Intelligence au-dessus de la moyenne***
99 ***Intelligence moyenne***
83 ***Intelligence au-dessous de la moyenne***
70 ***(et moins) Intelligence très faible***

Testez votre vocabulaire II

1. **Un augure est**
   (a) une écurie
   (b) un outil pour travailler le bois
   (c) une prédiction
   (d) une vedette des médias
   (e) une herbe

2. **Être propre à rien, c'est être**
   (a) incompétent
   (b) imberbe
   (c) malchanceux
   (d) stérile
   (e) découragé

3. **Quelque chose décrit comme clinquant est**
   (a) immoral
   (b) brisé
   (c) sec
   (d) de mauvais goût ou en toc
   (e) pauvre

4. **Un rustre est**
   (a) un cochon sauvage
   (b) un hamster nain
   (c) une personne sans manières
   (d) un vêtement informe
   (e) un colon sud-africain

5. **Stipuler, c'est**
   (a) exciter
   (b) consulter l'annuaire
   (c) entreprendre
   (d) correspondre
   (e) spécifier

6. Une étoffe qualifiée de diaphane est

[a] de couleur criarde
[b] mince et transparente
[c] irritante
[d] épaisse
[e] encombrante

7. Avoir un penchant pour quelque chose signifie

[a] avoir une inclination pour quelque chose
[b] être sujet à la perte d'équilibre
[c] faire semblant
[d] avoir le béguin pour quelqu'un
[e] souffrir de narcolepsie

8. Inciser, c'est

[a] dédicacer un livre à quelqu'un
[b] forcer la main de quelqu'un
[c] glisser un billet dans le corsage d'une strip-teaseuse
[d] tailler ou couper dans une surface
[e] tailler une pierre précieuse

9. Une feinte est

[a] un évanouissement
[b] une falsification
[c] un mensonge
[d] une mascarade
[e] une fausse attaque

10. Être endurci, c'est

[a] avoir subi un grave accident de voiture
[b] être habitué à la souffrance ou à la douleur
[c] être recouvert de béton
[d] être accusé à tort
[e] subir les quolibets des gens

RÉPONSES

1. *(c) une prédiction.*

2. *(a) incompétent.*

3. *(d) de mauvais goût ou en toc.*

4. *(c) une personne sans manières.*

5. *(e) spécifier.*

6. *(b) mince et transparente.*

7. *(a) avoir une inclination pour quelque chose.*

8. *(d) tailler ou couper dans une surface.*

9. *(e) fausse attaque.*

10. *(b) être habitué à la souffrance ou à la douleur.*

RÉSULTAT

Comptez 16,5 points par bonne réponse.

165 *Génie*
148-132 *Doué/Intelligence supérieure*
115 *Intelligence au-dessus de la moyenne*
99 *Intelligence moyenne*
83 *Intelligence au-dessous de la moyenne*
70 *(et moins) Intelligence très faible*

Testez votre vocabulaire III

1. Une personne décrite comme ardente est

[a] importune
[b] fougueuse
[c] têtue
[d] pingre
[e] séduisante

2. Être apprêté, c'est

[a] être exagérément précautionneux
[b] être doté d'une sagesse sans pareil
[c] être soumis à un régime alimentaire draconien
[d] être beau à couper le souffle
[e] apporter un soin extrême à son apparence vestimentaire

3. Une bévue est

[a] une lunette astronomique de poche
[b] un dégoulinement nauséabond
[c] un mot argotique désignant une relation amoureuse
[d] une gaffe
[e] une espèce d'ail sauvage

4. Être l'objet de l'opprobre, c'est

[a] être admiré
[b] être imité
[c] être humilié et traité avec mépris
[d] être traité d'égal à égal
[e] être mou et peu réactif

5. Gésir, c'est

[a] être allongé
[b] faire une révérence
[c] se tenir droit comme un I
[d] saluer quelqu'un avec déférence
[e] enfourcher une chaise

6. **Battre sa coulpe, c'est**
   [a] avoir maille à partir avec la justice
   [b] exprimer en public son repentir
   [c] se dépasser dans l'effort
   [d] s'autoproclamer maître d'une terre
   [e] casser sa pipe

7. **Quelque chose décrit comme ésotérique est quelque chose de**
   [a] dangereux
   [b] coûteux
   [c] politiquement incorrect
   [d] savoureux
   [e] mystérieux

8. **Une maladie décrétée chronique est une maladie**
   [a] incurable
   [b] persistante et durable
   [c] fatale
   [d] imaginaire
   [e] contagieuse

9. **Être plein de discernement, c'est**
   [a] être perspicace
   [b] être irrespectueux
   [c] être troublé
   [d] être négligent
   [e] être plein de préjugés

10. **Un goujat est**
   [a] un poisson d'eau douce
   [b] un plat épicé d'Europe de l'Est
   [c] une personne mal élevée
   [d] un petit soufflé au fromage
   [e] une fleur de haute montagne

RÉPONSES

1. *(b) fougueuse.*
2. *(e) apporter un soin extrême à son apparence vestimentaire.*
3. *(d) une gaffe.*
4. *(c) être humilié et traité avec mépris.*
5. *(a) être allongé.*
6. *(b) exprimer en public son repentir.*
7. *(e) mystérieux.*
8. *(b) persistante et durable.*
9. *(a) être perspicace.*
10. *(c) une personne mal élevée.*

RÉSULTAT

Comptez 16,5 points par bonne réponse.

165 ***Génie***
148-132 ***Doué/Intelligence supérieure***
115 ***Intelligence au-dessus de la moyenne***
99 ***Intelligence moyenne***
83 ***Intelligence au-dessous de la moyenne***
70 ***(et moins) Intelligence très faible***

Testez votre vocabulaire IV

1. **Un démagogue est**
   (a) un défenseur de la démocratie
   (b) un professeur vaniteux
   (c) un système d'enregistrement audionumérique
   (d) un leader politique exploitant les peurs des citoyens
   (e) un activiste communiste

2. **Un interrègne est**
   (a) une période entre deux règnes ou gouvernements
   (b) un bijou impérial
   (c) l'émissaire officiel d'une cour monarchique
   (d) une salle d'audience
   (e) un ambassadeur

3. **Avoir de la dextérité signifie**
   (a) être droitier
   (b) être politiquement et socialement conservateur
   (c) être habile de ses mains
   (d) avoir des opinions inébranlables
   (e) être un orateur hors pair

4. **Un fabuliste est**
   (a) un menteur patenté
   (b) un fabricant de jouets en verre
   (c) un vendeur de produits d'entretien
   (d) un instrument chirurgical
   (e) un auteur de contes

5. **Être plein de sollicitude pour quelqu'un, c'est**
   (a) l'abreuver de réclamations
   (b) lui demander une faveur
   (c) l'inviter à donner pour une bonne cause
   (d) être plein d'attentions et d'affection à son égard
   (e) le critiquer

6. Faire preuve de coercition envers quelqu'un, c'est

[a] l'insulter ou le rabaisser
[b] le contraindre par la force
[c] lui réclamer le remboursement d'une dette
[d] coopérer avec lui
[e] le supplier

7. On dit d'une chose qu'elle est inique quand elle est

[a] injuste
[b] suspecte
[c] sage
[d] indiscrète
[e] déséquilibrée

8. Un modiste est

[a] une personne humble
[b] un journaliste spécialisé dans la mode
[c] un expert en linguistique
[d] un créateur de haute couture
[e] un fabricant de chapeaux

9. On dit qu'une personne est pimpante lorsqu'elle est

[a] aimable et extravertie
[b] jeune et séduisante
[c] gentille et généreuse
[d] fraîche et élégante
[e] polie et s'exprimant avec aisance

10. Une chose est dite occluse lorsqu'elle est

[a] invisible à l'œil nu
[b] périmée ou hors d'usage
[c] bouchée
[d] difficile à comprendre
[e] noyée dans le brouillard

RÉPONSES

1. *(d) un leader politique exploitant les peurs des citoyens.*
2. *(a) une période entre deux règnes ou gouvernements.*
3. *(c) être habile de ses mains.*
4. *(e) un auteur de contes.*
5. *(d) être plein d'attentions et d'affection à son égard.*
6. *(b) le contraindre par la force.*
7. *(a) injuste.*
8. *(e) un fabricant de chapeaux.*
9. *(d) fraîche et élégante.*
10. *(c) bouchée.*

RÉSULTAT

Comptez 16,5 points par bonne réponse.

165 ***Génie***
148-132 ***Doué/Intelligence supérieure***
115 ***Intelligence au-dessus de la moyenne***
99 ***Intelligence moyenne***
83 ***Intelligence au-dessous de la moyenne***
70 ***(et moins) Intelligence très faible***

Testez votre vocabulaire V

1. Être un grigou, c'est

[a] courir après le succès
[b] désirer et accumuler de l'argent
[c] se conduire comme un malotru
[d] être excessivement généreux
[e] être orgueilleux

2. Un temps antédiluvien est

[a] annonciateur de pluies violentes
[b] un terme d'astrologie comparée
[c] une chronologie utilisée en archéologie
[d] un mode de conjugaison dans la langue occitane
[e] une période très ancienne

3. Un testateur est

[a] une personne douée pour les tests
[b] une personne faisant passer des tests
[c] une personne qui a rédigé son testament
[d] un homme doté de trois testicules
[e] l'autre nom désignant le détecteur de mensonge

4. Quelqu'un de pleutre est

[a] pleurnichard
[b] inculte
[c] manipulateur
[d] lâche
[e] boulimique

5. On est tarabusté quand on est

[a] perclus de rhumatismes
[b] condamné à une longue peine de prison
[c] vivement préoccupé par quelque chose
[d] pressé de finir une tâche
[e] frappé par la foudre

6. Une personne impudente est

[a] fière et vaniteuse
[b] effrontée et hardie
[c] solitaire et introvertie
[d] généreuse et tournée vers les autres
[e] attentionnée et sentimentale

7. Une décade est une période de

[a] dix jours
[b] dix heures
[c] dix ans
[d] deux cents ans
[e] dix siècles

8. Être indolent, c'est être

[a] impoli
[b] dénué de sentiment
[c] sujet à des crises de paralysie
[d] doux et affectueux
[e] mou

9. Un transfuge est

[a] une machine-outil
[b] une opération chirurgicale
[c] un traître
[d] un employé fraîchement muté
[e] une transaction de banque à banque

10. Une personne décrite comme émaciée est

[a] d'une laideur inhabituelle
[b] excessivement, voire dangereusement amaigrie
[c] plus petite que la moyenne
[d] d'une bêtise abyssale
[e] d'une force surhumaine

RÉPONSES

1. *(b) désirer et accumuler de l'argent.*
2. *(e) une période très ancienne.*
3. *(c) une personne qui a rédigé son testament.*
4. *(d) lâche.*
5. *(c) vivement préoccupé par quelque chose.*
6. *(b) effrontée et hardie.*
7. *(a) dix jours.*
8. *(e) mou.*
9. *(c) un traître.*
10. *(b) excessivement, voire dangereusement amaigrie.*

RÉSULTAT

Comptez 16,5 points par bonne réponse.

165 ***Génie***
148-132 ***Doué/Intelligence supérieure***
115 ***Intelligence au-dessus de la moyenne***
99 ***Intelligence moyenne***
83 ***Intelligence au-dessous de la moyenne***
70 ***(et moins) Intelligence très faible***

CHAPITRE 5

Cherchez l'intrus

Quelques QI de célébrités contemporaines

Gary Kasparov, champion d'échecs, 190

Bobby Fischer, champion d'échecs, 187

Benjamin Netanyahou, Premier ministre d'Israël, 180

Bill Gates, patron de Microsoft, 160

Stephen Hawking, physicien et auteur, 160

Richard Nixon, ancien président des États-Unis, 143

Hillary Clinton, ancienne First Lady et secrétaire d'État américaine, 140

Bill Clinton, ancien président des États-Unis, 137

George W. Bush, ancien président des États-Unis, 125

Gerald Ford, ancien président des États-Unis, 121

Cherchez l'intrus I

Désignez le terme qui n'a rien à faire dans chacun des groupes de mots suivants.

1. (a) roman
(b) poème
(c) peinture
(d) fleur
(e) sculpture

2. (a) radis
(b) tomate
(c) poire
(d) pomme
(e) orange

3. (a) taille-haie
(b) couteau
(c) rasoir
(d) tronçonneuse
(e) râpe

4. (a) héron
(b) cygne
(c) pingouin
(d) canard
(e) oie

5. (a) euro
(b) dollar
(c) diamant
(d) livre sterling
(e) franc

6. (a) bus
(b) taxi
(c) train
(d) métro
(e) monorail

7. (a) lion
(b) tigre
(c) couguar
(d) puma
(e) ours

8. (a) azur
(b) cobalt
(c) émeraude
(d) bleu marine
(e) saphir

9. (a) malbec
(b) chardonnay
(c) bourgogne
(d) syrah
(e) jenlain

10. (a) peau de chamois
(b) gabardine
(c) calicot
(d) serge
(e) denim

RÉPONSES

1. *(d) fleur.*

2. *(a) radis.*

3. *(e) râpe.*

4. *(a) héron (tous les autres sont des palmipèdes).*

5. *(c) diamant.*

6. *(b) taxi.*

7. *(e) ours.*

8. *(c) émeraude.*

9. *(e) jenlain.*

10. *(a) peau de chamois.*

RÉSULTAT

Comptez 16,5 points par bonne réponse.

165 *Génie*
148-132 *Doué/Intelligence supérieure*
115 *Intelligence au-dessus de la moyenne*
99 *Intelligence moyenne*
83 *Intelligence au-dessous de la moyenne*
70 *(et moins) Intelligence très faible*

Cherchez l'intrus II

Désignez le terme qui n'a rien à faire dans chacun des groupes de mots suivants.

1. (a) dictionnaire
(b) atlas
(c) almanach
(d) encyclopédie
(e) mémoires

2. (a) tasse
(b) pinte
(c) boisseau
(d) tonneau
(e) barrique

3. (a) courage
(b) sécurité
(c) persévérance
(d) force d'âme
(e) patience

4. (a) intrigue
(b) table des matières
(c) index
(d) chapitre
(e) couverture

5. (a) igname
(b) concombre
(c) pomme de terre
(d) topinambour
(e) échalote

6. (a) baleine
(b) dauphin
(c) marsouin
(d) thon
(e) phoque

7. (a) brèche
   (b) cassure
   (c) broche
   (d) fissure
   (e) trou

8. (a) conducteur
   (b) auteur
   (c) ballerine
   (d) graveur
   (e) entrepreneur

9. (a) chiffre
   (b) ensemble vide
   (c) cosinus
   (d) rayon
   (e) médiatrice

10. (a) creuser
   (b) fouille
   (c) stratosphère
   (d) sédiment
   (e) couche

RÉPONSES

1. *(e) mémoires.*

2. *(c) boisseau.*

3. *(b) sécurité.*

4. *(a) intrigue.*

5. *(b) concombre.*

6. *(d) thon.*

7. *(c) broche.*

8. *(e) entrepreneur.*

9. *(a) chiffre.*

10. *(c) stratosphère.*

RÉSULTAT

Comptez 16,5 points par bonne réponse.

165 *Génie*
148-132 *Doué/Intelligence supérieure*
115 *Intelligence au-dessus de la moyenne*
99 *Intelligence moyenne*
83 *Intelligence au-dessous de la moyenne*
70 *(et moins) Intelligence très faible*

Cherchez l'intrus III

Désignez le terme qui n'a rien à faire dans chacun des groupes de mots suivants.

1. (a) huile de pépins de raisin
(b) saindoux
(c) lanoline
(d) glycérine
(e) astringent

2. (a) étamine
(b) pétale
(c) tige
(d) tanin
(e) stigmate

3. (a) lâcheté
(b) anxiété
(c) jalousie
(d) rapacité
(e) vanité

4. (a) panégyrique
(b) vers de mirliton
(c) haïku
(d) sonnet
(e) poème épique

5. (a) équilatéral
(b) isocèle
(c) obtus
(d) aigu
(e) hypoténuse

6. (a) polenta
(b) avoine
(c) orge
(d) quinoa
(e) froment

7. (a) taux variable
(b) taux fixe
(c) taux révisable
(d) différé d'amortissement
(e) transparence des conditions de prêt

8. (a) rose
(b) cyan
(c) fuchsia
(d) magenta
(e) saumon

9. (a) patron
(b) ciseaux à tissu
(c) biais
(d) mannequin
(e) fer à vapeur

10. (a) repousser
(b) se résigner
(c) s'opposer
(d) résister
(e) riposter

RÉPONSES

1. *(e) astringent.*

2. *(d) tanin.*

3. *(b) anxiété.*

4. *(a) panégyrique.*

5. *(e) hypoténuse.*

6. *(a) polenta.*

7. *(e) transparence des conditions de prêt.*

8. *(b) cyan.*

9. *(c) biais.*

10. *(b) se résigner.*

RÉSULTAT

Comptez 16,5 points par bonne réponse.

165 *Génie*
148-132 *Doué/Intelligence supérieure*
115 *Intelligence au-dessus de la moyenne*
99 *Intelligence moyenne*
83 *Intelligence au-dessous de la moyenne*
70 *(et moins) Intelligence très faible*

Cherchez l'intrus IV

Désignez le terme qui n'a rien à faire dans chacun des groupes de mots suivants.

1. (a) bizarre
(b) frivole
(c) exploit
(d) excentrique
(e) amusant

2. (a) épistolaire
(b) d'apprentissage
(c) gare
(d) gothique
(e) comédie musicale

3. (a) festivals
(b) mœurs
(c) coutumes
(d) traditions
(e) pratiques

4. (a) globe
(b) sphère
(c) orbe
(d) rotonde
(e) balle

5. (a) fauchon
(b) cimeterre
(c) glaive
(d) gourdin
(e) stylet

6. (a) juste
(b) décalé
(c) pertinent
(d) approprié
(e) correct

7. (a) lilas
(b) aubergine
(c) lavande
(d) vermillon
(e) violet

8. (a) intransigeant
(b) inflexible
(c) insupportable
(d) rigide
(e) sans complaisance

9. (a) cubiste
(b) nature morte
(c) paysage
(d) genre
(e) portrait

10. (a) gourou
(b) mystique
(c) chaman
(d) yéti
(e) sage

RÉPONSES

1. *(c) exploit.*

2. *(e) comédie musicale.*

3. *(a) festivals.*

4. *(d) rotonde.*

5. *(e) stylet.*

6. *(b) décalé.*

7. *(d) vermillon.*

8. *(c) insupportable.*

9. *(a) cubiste.*

10. *(d) yéti.*

RÉSULTAT

Comptez 16,5 points par bonne réponse.

165 *Génie*
148-132 *Doué/Intelligence supérieure*
115 *Intelligence au-dessus de la moyenne*
99 *Intelligence moyenne*
83 *Intelligence au-dessous de la moyenne*
70 *(et moins) Intelligence très faible*

Cherchez l'intrus V

Désignez le terme qui n'a rien à faire dans chacun des groupes de mots suivants.

1. [a] soirée
[b] cocktail
[c] bal
[d] demoiselle d'honneur
[e] vintage

2. [a] femme de chambre
[b] jardinier
[c] majordome
[d] valet de chambre
[e] valet de pied

3. [a] chapitrer
[b] tancer
[c] réprimander
[d] critiquer
[e] disculper

4. [a] carré
[b] place
[c] cube
[d] esplanade
[e] cour

5. [a] fourche
[b] jonction
[c] intersection
[d] carrefour
[e] rocade

6. [a] génie
[b] muse
[c] inspiration
[d] motivation
[e] stimulation

7. (a) sarcelle
(b) citron
(c) moutarde
(d) safran
(e) curry

8. (a) adolescent
(b) bambin
(c) jeune homme
(d) jeune garçon
(e) teenager

9. (a) souvenir
(b) colifichet
(c) memento mori
(d) bibelot
(e) babiole

10. (a) référence
(b) inventaire
(c) rayon
(d) narthex
(e) salle des périodiques

RÉPONSES

1. *(e) vintage.*

2. *(b) jardinier.*

3. *(e) disculper.*

4. *(c) cube.*

5. *(e) rocade.*

6. *(a) génie.*

7. *(a) sarcelle.*

8. *(b) bambin.*

9. *(c) memento mori.*

10. *(d) narthex.*

RÉSULTAT

Comptez 16,5 points par bonne réponse.

165 *Génie*
148-132 *Doué/Intelligence supérieure*
115 *Intelligence au-dessus de la moyenne*
99 *Intelligence moyenne*
83 *Intelligence au-dessous de la moyenne*
70 *(et moins) Intelligence très faible*

CHAPITRE 6

Les lettres manquantes

QI de stars

Dolph Lundgren, 160

Quentin Tarantino, 160

Sharon Stone, 154

Madonna, 140

Arnold Schwarzenegger, 135

Jodie Foster, 132

Patrick Poivre d'Arvor, 135

Jamel Debbouze, 128

Ségolène Royal, 124

Jean Dujardin, 121

Johnny Hallyday, 116

Gérard Depardieu, 112

Franck Ribéry, 93

Doc Gynéco, 88

Les lettres manquantes I

Complétez les espaces avec les bonnes lettres et retrouvez les mots, tous associés au thème de la comédie.

1. ___ U ___ LE ___ QU ___
2. F ___ RC ___
3. ___ U ___ O ___ R
4. S ___ E ___ C ___
5. ___ L ___ W ___
6. ___ A ___ I ___ E
7. P ___ RO ___ I ___
8. ___ A ___ S
9. P ___ AI ___ A ___ T ___ R ___ E
10. ___ A ___ I ___ AT ___ R ___

RÉPONSES

1. BURLESQUE.
2. FARCE.
3. HUMOUR.
4. SKETCH.
5. CLOWN.
6. SATIRE.
7. PARODIE.
8. GAGS.
9. PLAISANTERIE.
10. CARICATURE.

RÉSULTAT

Comptez 16,5 points par bonne réponse.

165 *Génie*
148-132 *Doué/Intelligence supérieure*
115 *Intelligence au-dessus de la moyenne*
99 *Intelligence moyenne*
83 *Intelligence au-dessous de la moyenne*
70 *(et moins) Intelligence très faible*

Les lettres manquantes II

Complétez les espaces avec les bonnes lettres et retrouvez les mots, tous associés au thème de l'innocence.

1. I ___ E ___ P ___ R ___ E ___ C ___
2. ___ E ___ T ___
3. P ___ R ___ T ___
4. ___ N ___ O ___ R ___ P ___ I ___ L ___
5. I ___ R ___ P ___ O ___ H ___ B ___ E
6. ___ O ___ T ___
7. E ___ F ___ N ___ I ___
8. ___ N ___ É ___ U
9. N ___ Ï ___ E ___ É
10. ___ O ___ F ___ A ___ C ___

RÉPONSES

1. INEXPÉRIENCE.
2. VERTU.
3. PURETÉ.
4. INCORRUPTIBLE.
5. IRRÉPROCHABLE.
6. BONTÉ.
7. ENFANTIN.
8. INGÉNU.
9. NAÏVETÉ.
10. CONFIANCE.

RÉSULTAT

Comptez 16,5 points par bonne réponse.

165 *Génie*
148-132 *Doué/Intelligence supérieure*
115 *Intelligence au-dessus de la moyenne*
99 *Intelligence moyenne*
83 *Intelligence au-dessous de la moyenne*
70 *(et moins) Intelligence très faible*

Les lettres manquantes III

Complétez les espaces avec les bonnes lettres et retrouvez les mots, tous associés au thème de l'amour.

1. L ___ A ___ S ___ N
2. ___ A ___ S ___ O ___
3. A ___ F ___ C ___ IO ___
4. ___ T ___ I ___ A ___ CE
5. L ___ N ___ U ___ R
6. ___ E ___ DR ___
7. A ___ O ___ RE ___ X
8. ___ P ___ I ___
9. I ___ É ___ L
10. ___ R ___ EN ___

RÉPONSES

1. *LIAISON.*
2. *PASSION.*
3. *AFFECTION.*
4. *ATTIRANCE.*
5. *LANGUIR.*
6. *TENDRE.*
7. *AMOUREUX.*
8. *ÉPRIS.*
9. *IDÉAL.*
10. *ARDENT.*

RÉSULTAT

Comptez 16,5 points par bonne réponse.

165 *Génie*
148-132 *Doué/Intelligence supérieure*
115 *Intelligence au-dessus de la moyenne*
99 *Intelligence moyenne*
83 *Intelligence au-dessous de la moyenne*
70 *(et moins) Intelligence très faible*

Les lettres manquantes IV

Complétez les espaces avec les bonnes lettres et retrouvez les mots, tous associés au thème du travail.

1. ___ A ___ EU ___
2. R ___ P ___ T ___ T ___ F
3. ___ É ___ U ___ É ___ A ___ EU ___
4. B ___ S ___ G ___ E
5. ___ O ___ A ___ I ___ N
6. O ___ C ___ P ___ T ___ O ___
7. ___ E ___ P ___ N ___ A ___ L ___
8. S ___ L ___ I ___ E
9. ___ É ___ É ___ I ___ E
10. S ___ N ___ IC ___ T

RÉPONSES

1. *LABEUR.*
2. *RÉPÉTITIF.*
3. *RÉMUNÉRATEUR.*
4. *BESOGNE.*
5. *VOCATION.*
6. *OCCUPATION.*
7. *RESPONSABLE.*
8. *SALAIRE.*
9. *BÉNÉFICE.*
10. *SYNDICAT.*

RÉSULTAT

Comptez 16,5 points par bonne réponse.

165 *Génie*
148-132 *Doué/Intelligence supérieure*
115 *Intelligence au-dessus de la moyenne*
99 *Intelligence moyenne*
83 *Intelligence au-dessous de la moyenne*
70 *(et moins) Intelligence très faible*

Les lettres manquantes V

Complétez les espaces avec les bonnes lettres et retrouvez les mots, tous associés au thème du divertissement.

1. A ___ U ___ E ___ EN ___
2. ___ I ___ É ___ A
3. D ___ N ___ E
4. ___ I ___ M
5. T ___ É ___ T ___ E
6. ___ R ___ ST ___ T ___ O ___
7. S ___ E ___ T ___ C ___ E
8. ___ A ___ D ___ V ___ L ___ E
9. A ___ P ___ A ___ D ___ S ___ E ___ E ___ T
10. ___ U ___ L ___ C

RÉPONSES

1. AMUSEMENT.
2. CINÉMA.
3. DANSE.
4. FILM.
5. THÉÂTRE.
6. PRESTATION.
7. SPECTACLE.
8. VAUDEVILLE.
9. APPLAUDISSEMENT.
10. PUBLIC.

RÉSULTAT

Comptez 16,5 points par bonne réponse.

165 *Génie*
148-132 *Doué/Intelligence supérieure*
115 *Intelligence au-dessus de la moyenne*
99 *Intelligence moyenne*
83 *Intelligence au-dessous de la moyenne*
70 *(et moins) Intelligence très faible*

CHAPITRE 7

Le bon mot

Mensa International

Avez-vous déjà entendu parler de Mensa ? Il s'agit d'une organisation internationale, d'un club très sélect composé de personnes au QI extrêmement élevé. Pour devenir membre, rien de plus simple : vos résultats aux tests doivent entrer dans les 2 % les plus élevés. En d'autres termes, 98 % des personnes ayant passé un test de QI ne sont pas éligibles.

L'association fut fondée en 1946 par Lancelot Ware, un élève diplômé en droit de l'université d'Oxford, et Roland Berrill, un avocat australien dont la candidature à l'entrée dans le prestigieux établissement avait été rejetée mais qui y passait tout de même tout son temps. À l'origine, leur société avait pour nom le « Club des gros QI ». Mais ce titre n'ayant pas assez de panache, Ware et Berrill optèrent pour Mens, le terme latin désignant l'esprit. Malheureusement, Mens était également le nom d'un magazine grivois. C'est ainsi qu'ils choisirent Mensa – « table », en latin –, renforçant l'image d'un club organisé comme une sorte de « table ronde » ouverte à tous, sans préjugés sociaux, politiques ou religieux. (Ironiquement, Ware et Berrill apprirent plus tard que *mensa*, en argot mexicain, signifie « imbécile ».)

Mensa regroupe aujourd'hui quelque 122 000 membres à travers le monde, et tous ne sont pas neurochirurgiens ou prix Nobel de physique. Bien entendu, on y trouve des chercheurs et des mathématiciens, mais aussi des pompiers, des musiciens, des agriculteurs, des officiers de police, des camionneurs, des militaires...

Tous ces individus d'horizons et de nationalités variés ne passent pas leur temps à exhiber fièrement l'étendue de leur intelligence ni à promouvoir leurs opinions politiques, leurs croyances religieuses ou leurs réseaux d'influence. Si l'on en croit la profession de foi de Mensa, l'organisation poursuit trois objectifs.

1. « Identifier et favoriser l'usage de l'intelligence au services de buts humanistes. »
2. « Offrir aux membres un environnement stimulant intellectuellement et socialement. »
3. « Faciliter les travaux de recherche sur la nature, les formes et les utilisations de l'intelligence. »

Mensa publie régulièrement un journal regroupant des articles de fond sur des sujets variés à l'attention de ses membres, ainsi qu'une newsletter signalant tout événement et activité notables (www.mensa.fr), et que *The Mensa Research* Journal, destiné aux non-membres, qui se consacre à la nature de l'intelligence humaine.

Le bon mot I

Trouvez le mot correspondant à la définition.

1. Fil ou fibre de matière.
   F ____________________

2. Se dit d'une personne importante ou connue.
   É ____________________

3. Quelque chose qui signifie ou représente autre chose.
   S ____________________

4. Être heureux ou optimiste.
   G ____________________

5. En géométrie, figure à quatre angles et quatre côtés.
   Q ____________________

6. Revêtement antiadhésif couramment utilisé pour recouvrir les ustensiles de cuisine.
   T ____________________

7. Argent collecté par un gouvernement auprès de ses citoyens.
   I ____________________

8. Mot familier désignant un cabaret, un bar ou un restaurant sale ou malfamé.
   B ____________________

9. Carrés de pâtes remplis de viande ou de fromage.
   R ____________________

10. Se dit d'un animal à sang froid, à la fois terrestre et aquatique, se reproduisant exclusivement dans l'eau.
    A ____________________

RÉPONSES

1. *Filament.*
2. *Éminent.*
3. *Symbole.*
4. *Gai.*
5. *Quadrilatère.*
6. *Téflon.*
7. *Impôt.*
8. *Bouge.*
9. *Raviolis.*
10. *Amphibie.*

RÉSULTAT

Comptez 16,5 points par bonne réponse.

165 *Génie*
148-132 *Doué/Intelligence supérieure*
115 *Intelligence au-dessus de la moyenne*
99 *Intelligence moyenne*
83 *Intelligence au-dessous de la moyenne*
70 *(et moins) Intelligence très faible*

Le bon mot II

Trouvez le mot correspondant à la définition.

1. **Restes d'un lieu, d'un bâtiment, d'une personne ou d'un objet considéré comme sacré.**
   R ________________

2. **Organe enfermé dans la boîte crânienne qui contrôle le système nerveux.**
   C ________________

3. **Expert attaché à un lieu et/ou un sujet et menant un groupe de visiteurs.**
   G ________________

4. **Racine, tubercule ou rhizome souterrain, rempli d'éléments nutritifs, qui permet à une plante de repousser chaque année.**
   B ________________

5. **Liquide, souvent épais, servant à rehausser le goût d'une viande, d'un poisson, de légumes ou de tout autre plat.**
   S ________________

6. **Être beau parleur, faire preuve de séduction calculée.**
   E ________________

7. **Personne dont la condition physique transforme le quotidien en parcours du combattant.**
   I ________________

8. **Structure mécanique habituellement située le long des rivières et qui permet de faire passer les embarcations d'un niveau à un autre.**
   É ________________

9. Organisme sous-marin, extrêmement compact et solide, connu pour ses couleurs variées ; souvent utilisé en joaillerie.

   C ________________

10. Petit bâtiment couvert mais accessible au public, souvent installé dans un parc.

   G ________________

RÉPONSES

1. *Relique.*

2. *Cerveau.*

3. *Guide.*

4. *Bulbe.*

5. *Sauce.*

6. *Enjôleur.*

7. *Invalide.*

8. *Écluse.*

9. *Corail.*

10. *Gloriette.*

RÉSULTAT

Comptez 16,5 points par bonne réponse.

165 *Génie*
148-132 *Doué/Intelligence supérieure*
115 *Intelligence au-dessus de la moyenne*
99 *Intelligence moyenne*
83 *Intelligence au-dessous de la moyenne*
70 *(et moins) Intelligence très faible*

Le bon mot III

Trouvez le mot correspondant à la définition.

1. Diplomate envoyé dans un pays étranger afin de représenter les intérêts de sa nation.
   A ________________

2. Pli dans la peau ou un tissu.
   R ________________

3. Grains de maïs soufflés qui éclatent sous l'effet de la chaleur.
   P ________________

4. Cerf de moins d'un an.
   F ________________

5. Machine de bureau qui détruit les documents.
   D ________________

6. Tubercule comestible à la peau fine et généralement de couleur orange.
   C ________________

7. Athlète qui s'attache à augmenter la taille de ses muscles.
   C ________________

8. Synonyme d'idiot ; fait preuve de bêtise ou de manque de jugeote.
   I ________________

9. Émotion violente, généralement en réponse à une insulte ou une offense.
   C ________________

10. Un étranger qui s'installe dans un nouveau pays.
    I ________________

RÉPONSES

1. Ambassadeur.
2. Ride.
3. Pop-corn.
4. Faon.
5. Déchiqueteuse.
6. Carotte.
7. Culturiste.
8. Imbécile.
9. Colère.
10. Immigré.

RÉSULTAT

Comptez 16,5 points par bonne réponse.

165 *Génie*
148-132 *Doué/Intelligence supérieure*
115 *Intelligence au-dessus de la moyenne*
99 *Intelligence moyenne*
83 *Intelligence au-dessous de la moyenne*
70 *(et moins) Intelligence très faible*

Le bon mot IV

Trouvez le mot correspondant à la définition.

1. Décrit une plaie qui suppure.
   I ____________________

2. Individu impliqué dans le crime organisé.
   M ____________________

3. Boisson alcoolisée produite à partir de raisin fermenté.
   V ____________________

4. Trembler ou frissonner, souvent de froid ou de peur.
   G ____________________

5. Vaste ensemble d'étoiles, de poussières et de gaz dans lequel se trouve notre système solaire.
   G ____________________

6. Incapacité à prendre une décision.
   H ____________________

7. Quantité de vapeur d'eau présente dans l'air.
   H ____________________

8. Vertu désignant la capacité à réfléchir avec justesse avant de prendre une décision ou d'agir.
   P ____________________

9. Caractère de ce qui est fatal.
   M ____________________

10. Être aimable et courtois.
    G ____________________

RÉPONSES

1. *Infectée.*
2. *Mafieux.*
3. *Vin.*
4. *Grelotter.*
5. *Galaxie.*
6. *Hésitation.*
7. *Humidité.*
8. *Prudence.*
9. *Mortel.*
10. *Gracieux.*

RÉSULTAT

Comptez 16,5 points par bonne réponse.

165 *Génie*
148-132 *Doué/Intelligence supérieure*
115 *Intelligence au-dessus de la moyenne*
99 *Intelligence moyenne*
83 *Intelligence au-dessous de la moyenne*
70 *(et moins) Intelligence très faible*

Le bon mot V

Trouvez le mot correspondant à la définition.

1. Personne qui arrange les rencontres amoureuses en vue d'un éventuel mariage.
   E ______________

2. Eau sous sa forme solide.
   G ______________

3. Large zone couverte de végétation tropicale.
   J ______________

4. Œuvre de fiction composée d'une longue intrigue, généralement complexe et impliquant de nombreux personnages.
   R ______________

5. Formule de courtoisie employée pour recevoir un invité.
   B ______________

6. Caractéristique d'une personne qui supporte une longue attente, un contretemps ou même une certaine souffrance sans broncher.
   P ______________

7. Caractéristique de ce qui est frugal ou peu coûteux.
   É ______________

8. Être futé et créatif dans la résolution des problèmes.
   M ______________

9. Lieu clos où les spectateurs peuvent admirer les athlètes.
   S ______________

10. Une mesure de l'intelligence individuelle basée sur une série de tests.
    Q ______________

RÉPONSES

1. *Entremetteur.*

2. *Glace.*

3. *Jungle.*

4. *Roman*

5. *Bienvenue.*

6. *Patience.*

7. *Économique.*

8. *Malin.*

9. *Stade.*

10. *QI.*

RÉSULTAT

Comptez 16,5 points par bonne réponse.

165 *Génie*
148-132 *Doué/Intelligence supérieure*
115 *Intelligence au-dessus de la moyenne*
99 *Intelligence moyenne*
83 *Intelligence au-dessous de la moyenne*
70 *(et moins) Intelligence très faible*

CHAPITRE 8

Les deux font la paire

Quelques membres fameux de Mensa

Geena Davis, actrice [*Beetlejuice*, *Thelma et Louise*, *L'Île aux pirates*]

Jacques Bergier [1912-1978], ingénieur, agent secret, journaliste et écrivain

Pierre Gripari [1925-1990], écrivain [*Contes de la rue Broca*]

Isaac Asimov [1920-1992], auteur de science-fiction [*Chroniques martiennes*, *Les Robots*]

Arthur C. Clarke [1917-2008], auteur de science-fiction [*2001, l'odyssée de l'espace*]

Les deux font la paire I

Associez un mot de la colonne A à un mot de la colonne B afin de créer une expression courante ou un mot composé. Par exemple : grande + gueule = grande gueule.

	Colonne A	Colonne B
1.	Bien	Nom
2.	Profil	Vaillant
3.	Sourd	Express
4.	Cœur	Bêche
5.	Cul	Gauche
6.	Joyeux	Brouillés
7.	Pli	Muet
8.	Œufs	Drille
9.	Tête	Serré
10.	Prête	Portant

RÉPONSES

1. *Bien portant.*
2. *Profil gauche.*
3. *Sourd muet.*
4. *Cœur vaillant.*
5. *Cul serré.*
6. *Joyeux drille.*
7. *Pli express.*
8. *Œufs brouillés.*
9. *Tête-bêche.*
10. *Prête-nom.*

RÉSULTAT

Comptez 16,5 points par bonne réponse.

165 *Génie*
148-132 *Doué/Intelligence supérieure*
115 *Intelligence au-dessus de la moyenne*
99 *Intelligence moyenne*
83 *Intelligence au-dessous de la moyenne*
70 *(et moins) Intelligence très faible*

Les deux font la paire II

Associez un mot de la colonne A à un mot de la colonne B afin de créer une expression courante ou un mot composé. Par exemple : grande + gueule = grande gueule.

	Colonne A	Colonne B
1.	Peu	Galeux
2.	Pêle	Glacée
3.	Vieille	Nigaud
4.	Réveille	Importe
5.	Attrape	Cigare
6.	Chien	Matin
7.	Remue	Chaud
8.	Allume	Carne
9.	Crème	Mêle
10.	Chocolat	Ménage

RÉPONSES

1. *Peu importe.*
2. *Pêle-mêle.*
3. *Vieille-carne.*
4. *Réveille-matin.*
5. *Attrape-nigaud.*
6. *Chien galeux.*
7. *Remue-ménage.*
8. *Allume-cigare.*
9. *Crème glacée.*
10. *Chocolat chaud.*

RÉSULTAT

Comptez 16,5 points par bonne réponse.

165 *Génie*
148-132 *Doué/Intelligence supérieure*
115 *Intelligence au-dessus de la moyenne*
99 *Intelligence moyenne*
83 *Intelligence au-dessous de la moyenne*
70 *(et moins) Intelligence très faible*

Les deux font la paire III

Associez un mot de la colonne A à un mot de la colonne B afin de créer une expression courante ou un mot composé. Par exemple : grande + gueule = grande gueule.

	Colonne A	Colonne B
1.	Star	Méninges
2.	Amour	Béni
3.	Mille	Terrain
4.	Sans	Sou
5.	Vide	Pot
6.	Remue	System
7.	Plein	Poche
8.	Pain	Fou
9.	Tout	Feuilles
10.	Grippe	Façon

RÉPONSES

1. *Star system.*
2. *Amour fou.*
3. *Mille-feuilles.*
4. *Sans façon.*
5. *Vide-poche.*
6. *Remue-méninges.*
7. *Plein pot.*
8. *Pain béni.*
9. *Tout-terrain.*
10. *Grippe-sou.*

RÉSULTAT

Comptez 16,5 points par bonne réponse.

165 *Génie*
148-132 *Doué/Intelligence supérieure*
115 *Intelligence au-dessus de la moyenne*
99 *Intelligence moyenne*
83 *Intelligence au-dessous de la moyenne*
70 *(et moins) Intelligence très faible*

Les deux font la paire IV

Associez un mot de la colonne A à un mot de la colonne B afin de créer une expression courante ou un mot composé. Par exemple : grande + gueule = grande gueule.

	Colonne A	Colonne B
1.	Chant	Perdue
2.	Retraite	Vive
3.	Pèse	Public
4.	Couleur	Dorée
5.	Avant	Frit
6.	Ventre	Réalité
7.	Peine	Grégorien
8.	Poulet	Coureur
9.	Ennemi	Mou
10.	Télé	Personne

RÉPONSES

1. *Chant grégorien.*
2. *Retraite dorée.*
3. *Pèse-personne.*
4. *Couleur vive.*
5. *Avant-coureur.*
6. *Ventre mou.*
7. *Peine perdue.*
8. *Poulet frit.*
9. *Ennemi public.*
10. *Télé-réalité.*

RÉSULTAT

Comptez 16,5 points par bonne réponse.

165 *Génie*
148-132 *Doué/Intelligence supérieure*
115 *Intelligence au-dessus de la moyenne*
99 *Intelligence moyenne*
83 *Intelligence au-dessous de la moyenne*
70 *(et moins) Intelligence très faible*

Les deux font la paire V

Associez un mot de la colonne A à un mot de la colonne B afin de créer une expression courante ou un mot composé. Par exemple : grande + gueule = grande gueule.

	Colonne A	Colonne B
1.	Sans	Électoral
2.	Auto	Température
3.	Avec	Verte
4.	Veuve	Tête
5.	Affaire	Nouvelle
6.	Main	Joie
7.	Forte	Joyeuse
8.	Bonne	Louche
9.	Corps	Exception
10.	Basse	École

RÉPONSES

1. *Sans exception.*
2. *Auto-école.*
3. *Avec joie.*
4. *Veuve joyeuse.*
5. *Affaire louche.*
6. *Main verte.*
7. *Forte tête.*
8. *Bonne nouvelle.*
9. *Corps électoral.*
10. *Basse température.*

RÉSULTAT

Comptez 16,5 points par bonne réponse.

165 *Génie*
148-132 *Doué/Intelligence supérieure*
115 *Intelligence au-dessus de la moyenne*
99 *Intelligence moyenne*
83 *Intelligence au-dessous de la moyenne*
70 *(et moins) Intelligence très faible*

CHAPITRE 9

Quel idiome !

Les origines du test SAT

À la fin des années 1890, Carl Brigham, un psychologue américain, créa le Scholastic Aptitude Test ou SAT – littéralement, « Test d'aptitude scolastique » – afin d'établir de nouvelles règles d'entrée dans les universités ; jusque-là prévalaient les préférences fondées sur la race, l'origine ethnique, la religion ou l'assise financière.

On fit passer le premier test du genre en 1901 à 973 étudiants. Il comportait des questions spécifiques sur des sujets tels que les langues anglaise, française, allemande, latine et grecque, ainsi qu'en histoire, chimie et physique.

Jusqu'à 1926, le test SAT évolua progressivement pour devenir une évaluation de la pensée logique et de la compréhension de lecture plutôt que du contrôle de connaissances spécifiques. Il restait cependant très exigeant et demandait une intense concentration ; les participants disposaient de 90 minutes pour répondre à 315 questions.

Ce test a continué d'évoluer année après année. En 2005, par exemple, la section de mathématiques fut rendue plus difficile en réaction au nombre croissant de candidats ayant obtenu la note maximale, 800.

À l'instar du test de QI, le test SAT a ses détracteurs. En Californie, une étude a montré que les étudiants dont la famille ayant 20 000 dollars (ou moins) de revenus annuels n'obtenaient en moyenne qu'un score de 1310, tandis que les étudiants issus de familles aisées (plus de 200 000 dollars annuels) culminaient à une moyenne de 1715. Les critiques mirent en lumière d'évidentes orientations culturelles dans la nature des questions. Il était ainsi demandé aux candidats de compléter l'analogie suivante : « Le coureur est au marathon ce que le barreur est à... » ; la bonne réponse était « régate », une référence à un sport d'élite ; une enquête montra que 53 % des candidats blancs avaient répondu correctement contre 22 % des étudiants noirs.

Suite à ces attaques, de nombreux établissements supprimèrent le test SAT de leur processus d'admission.

Quel idiome ! I

Trouvez les mots manquants afin de reconstituer des expressions idiomatiques.

1. ______ ______ ______ par les fenêtres
2. ______ tort et à ______
3. Avoir ______ ______ gueule
4. ______ les yeux ______ ______ ______ ______ ventre
5. ______ le dindon ______ ______ ______
6. Coûter ______ ______ ______ ______ tête
7. ______ ______ langue ______ chat
8. Entre la ______ ______ ______ fromage
9. ______ ______ ni tête
10. ______ ______ debout

RÉPONSES

1. *Jeter l'argent par les fenêtres.*
2. *À tort et à travers.*
3. *Avoir une grande gueule.*
4. *Avoir les yeux plus gros que le ventre.*
5. *Être le dindon de la farce.*
6. *Coûter les yeux de la tête.*
7. *Donner sa langue au chat.*
8. *Entre la poire et le fromage.*
9. *Sans queue ni tête.*
10. *À dormir debout.*

RÉSULTAT

Comptez 16,5 points par bonne réponse.

165 *Génie*
148-132 *Doué/Intelligence supérieure*
115 *Intelligence au-dessus de la moyenne*
99 *Intelligence moyenne*
83 *Intelligence au-dessous de la moyenne*
70 *(et moins) Intelligence très faible*

Quel idiome ! II

Trouvez les mots manquants afin de reconstituer des expressions idiomatiques.

1. ______ ______ l'hameçon
2. Se ______ ______ grands airs
3. ______ ______ les blés
4. Sans rime ______ ______
5. ______ ______ ______ Scylla
6. ______ ______ mousser
7. Aux innocents ______ ______ ______
8. Donnant ______
9. ______ ______ un clou
10. Perdre les ______

RÉPONSES

1. *Mordre à l'hameçon.*
2. *Se donner de grands airs.*
3. *Fauché comme les blés.*
4. *Sans rime ni raison.*
5. *De Charybde en Scylla.*
6. *Se faire mousser.*
7. *Aux innocents les mains pleines.*
8. *Donnant donnant.*
9. *Maigre comme un clou.*
10. *Perdre les pédales.*

RÉSULTAT

Comptez 16,5 points par bonne réponse.

165 *Génie*
148-132 *Doué/Intelligence supérieure*
115 *Intelligence au-dessus de la moyenne*
99 *Intelligence moyenne*
83 *Intelligence au-dessous de la moyenne*
70 *(et moins) Intelligence très faible*

Quel idiome ! III

Trouvez les mots manquants afin de reconstituer des expressions idiomatiques.

1. ______ ______ seigneur ______ honneur
2. ______ ______ ______ tous ses états
3. Suer ______ et ______
4. Avoir ______ ______ dans les jambes
5. ______ ______ ______ dans le nez
6. ______ au diable
7. Crier ______ et fort
8. Planter le ______
9. ______ son numéro
10. ______ ______ Cassandre

RÉPONSES

1. *À tout seigneur tout honneur.*
2. *Se mettre dans tous ses états.*
3. *Suer sang et eau.*
4. *Avoir des fourmis dans les jambes.*
5. *Avoir un verre dans le nez.*
6. *Aller au diable.*
7. *Crier haut et fort.*
8. *Planter le décor.*
9. *Faire son numéro.*
10. *Jouer les Cassandre.*

RÉSULTAT

Comptez 16,5 points par bonne réponse.

165 *Génie*
148-132 *Doué/Intelligence supérieure*
115 *Intelligence au-dessus de la moyenne*
99 *Intelligence moyenne*
83 *Intelligence au-dessous de la moyenne*
70 *(et moins) Intelligence très faible*

Quel idiome ! IV

Trouvez les mots manquants afin de reconstituer des expressions idiomatiques.

1. Entre le marteau ______ ______ ______
2. ______ ______ les pommes
3. Tirer ______ ______ à soi
4. Cracher le ______
5. ______ des couleurs
6. ______ le ______ dans les chaussettes
7. ______ ______ et des bas
8. ______ ______ avoir froid aux ______
9. ______ ______ et à manger
10. La fin des ______

RÉPONSES

1. *Entre le marteau et l'enclume.*
2. *Tomber dans les pommes.*
3. *Tirer la couverture à soi.*
4. *Cracher le morceau.*
5. *Prendre des couleurs.*
6. *Avoir le moral dans les chaussettes.*
7. *Des hauts et des bas.*
8. *Ne pas avoir froid aux yeux.*
9. *À boire et à manger.*
10. *La fin des haricots.*

RÉSULTAT

Comptez 16,5 points par bonne réponse.

165 *Génie*
148-132 *Doué/Intelligence supérieure*
115 *Intelligence au-dessus de la moyenne*
99 *Intelligence moyenne*
83 *Intelligence au-dessous de la moyenne*
70 *(et moins) Intelligence très faible*

Quel idiome ! V

Trouvez les mots manquants afin de reconstituer des expressions idiomatiques.

1. ______ ______ et l'oméga
2. ______ ______ de la crème
3. Chercher ______ petite ______
4. ______ bric ______ de ______
5. ______ comme en quarante
6. Une fois ______ ______
7. Couper ______ ______ en quatre
8. ______ ______ fonds de tiroirs
9. Rira ______ ______ rira le ______
10. ______ ______ les pouces

RÉPONSES

1. *L'alpha et l'oméga.*
2. *La crème de la crème.*
3. *Chercher la petite bête.*
4. *De bric et de broc.*
5. *Repartir comme en quarante.*
6. *Une fois pour toutes.*
7. *Couper les cheveux en quatre.*
8. *Racler les fonds de tiroirs.*
9. *Rira bien qui rira le dernier.*
10. *Se tourner les pouces.*

RÉSULTAT

Comptez 16,5 points par bonne réponse.

165 *Génie*
148-132 *Doué/Intelligence supérieure*
115 *Intelligence au-dessus de la moyenne*
99 *Intelligence moyenne*
83 *Intelligence au-dessous de la moyenne*
70 *(et moins) Intelligence très faible*

CHAPITRE 10

Une bonne correction

Scores SAT des riches, célèbres

Voici quelques personnalités qui ont brillé au test SAT.

Paul Allen, cofondateur de Microsoft, 1600

Bill Gates, cofondateur de Microsoft, 1590

James Woods, acteur, 1579

Al Gore, ancien vice-président des États-Unis, 1355

George W. Bush, ancien président des États-Unis, 1206

Courteney Cox, actrice, 1150

Kobe Bryant, basketteur, 1080

Bill Clinton, ancien président des États-Unis, 1032

Une bonne correction I

Les mots ci-dessous sont mal orthographiés. Corrigez-les.

1. **phausset**

   ____

2. **acommoder**

   ____

3. **destinassion**

   ____

4. **acolite**

   ____

5. **akariâtre**

   ____

6. **harcellement**

   ____

7. **méprandre**

   ____

8. **affranchire**

   ____

9. **civilization**

   ____

10. **facochère**

    ____

RÉPONSES

1. *fausset.*
2. *accommoder.*
3. *destination.*
4. *acolyte.*
5. *acariâtre.*
6. *harcèlement.*
7. *méprendre.*
8. *affranchir.*
9. *civilisation.*
10. *phacochère.*

RÉSULTAT

Comptez 16,5 points par bonne réponse.

165 *Génie*
148-132 *Doué/Intelligence supérieure*
115 *Intelligence au-dessus de la moyenne*
99 *Intelligence moyenne*
83 *Intelligence au-dessous de la moyenne*
70 *(et moins) Intelligence très faible*

Une bonne correction II

Les mots ci-dessous sont mal orthographiés. Corrigez-les.

1. **ciège**

   ____

2. **cathalyse**

   ____

3. **réspectabilité**

   ____

4. **vermiphuge**

   ____

5. **halcaline**

   ____

6. **embarrat**

   ____

7. **hérotomane**

   ____

8. **déliquessence**

   ____

9. **centrifujeuse**

   ____

10. **grammatiquale**

   ____

RÉPONSES

1. *siège.*
2. *catalyse.*
3. *respectabilité.*
4. *vermifuge.*
5. *alcaline.*
6. *embarras.*
7. *érotomane.*
8. *déliquescence.*
9. *centrifugeuse.*
10. *grammaticale.*

RÉSULTAT

Comptez 16,5 points par bonne réponse.

165 *Génie*
148-132 *Doué/Intelligence supérieure*
115 *Intelligence au-dessus de la moyenne*
99 *Intelligence moyenne*
83 *Intelligence au-dessous de la moyenne*
70 *(et moins) Intelligence très faible*

Une bonne correction III

Les mots ci-dessous sont mal orthographiés. Corrigez-les.

1. **stendardiste**

 ____

2. **sasserdotal**

 ____

3. **sarquophage**

 ____

4. **vermiscelle**

 ____

5. **propansion**

 ____

6. **forthification**

 ____

7. **inquarnation**

 ____

8. **skatologie**

 ____

9. **locaumotive**

 ____

10. **cinécure**

 ____

RÉPONSES

1. *standardiste.*
2. *sacerdotal.*
3. *sarcophage.*
4. *vermicelle.*
5. *propension.*
6. *fortification.*
7. *incarnation.*
8. *scatologie.*
9. *locomotive.*
10. *sinécure.*

RÉSULTAT

Comptez 16,5 points par bonne réponse.

165 *Génie*
148-132 *Doué/Intelligence supérieure*
115 *Intelligence au-dessus de la moyenne*
99 *Intelligence moyenne*
83 *Intelligence au-dessous de la moyenne*
70 *(et moins) Intelligence très faible*

Une bonne correction IV

Les mots ci-dessous sont mal orthographiés. Corrigez-les.

1. **mystic**

   ____

2. **armonium**

   ____

3. **burlaisque**

   ____

4. **hinstitutionnel**

   ____

5. **coidrature**

   ____

6. **queurelleur**

   ____

7. **inquizition**

   ____

8. **impérici**

   ____

9. **fantasmathique**

   ____

10. **ballistique**

    ____

RÉPONSES

1. *mystique.*
2. *harmonium.*
3. *burlesque.*
4. *institutionnel.*
5. *quadrature.*
6. *querelleur.*
7. *inquisition.*
8. *impéritie.*
9. *fantasmatique.*
10. *balistique.*

RÉSULTAT

Comptez 16,5 points par bonne réponse.

165 *Génie*
148-132 *Doué/Intelligence supérieure*
115 *Intelligence au-dessus de la moyenne*
99 *Intelligence moyenne*
83 *Intelligence au-dessous de la moyenne*
70 *(et moins) Intelligence très faible*

Une bonne correction V

Les mots ci-dessous sont mal orthographiés. Corrigez-les.

1. **alaigre**

   ____

2. **réminissence**

   ____

3. **voraciter**

   ____

4. **persiffler**

   ____

5. **trémollo**

   ____

6. **présaje**

   ____

7. **victuayes**

   ____

8. **hommoncule**

   ____

9. **relicaire**

   ____

10. **scinonyme**

    ____

RÉPONSES

1. *allègre.*
2. *réminiscence.*
3. *voracité.*
4. *persifler.*
5. *trémolo.*
6. *présage.*
7. *victuailles.*
8. *homoncule.*
9. *reliquaire.*
10. *synonyme.*

RÉSULTAT

Comptez 16,5 points par bonne réponse.

165 *Génie*
148-132 *Doué/Intelligence supérieure*
115 *Intelligence au-dessus de la moyenne*
99 *Intelligence moyenne*
83 *Intelligence au-dessous de la moyenne*
70 *(et moins) Intelligence très faible*

CHAPITRE 11

Sans décodeur

Le LSAT

En 1945, Frank Bowles, un employé du service des admissions de la Columbia University Law School de New York, créa le Law School Aptitude Test, ou LSAT – littéralement, « Test d'aptitude à l'école de droit » –, afin de mesurer le potentiel des futurs candidats au cursus de droit. Jusqu'en 1945, presque tous les établissements des États-Unis se basaient sur la moyenne des candidats à la sortie du lycée. Bowles invita les services d'admission des autres grandes écoles de droit à se joindre à lui pour développer un prototype. Des représentants de Harvard et de Yale s'y engagèrent, malgré les doutes de nombreuses personnalités de l'université de New York quant à l'efficacité d'un tel test. Mais en 1947, d'autres grandes écoles de droit se joignirent à Bowles et à ses collègues, et le premier test LSAT fut présenté en 1948. Aujourd'hui, on fait passer cet examen quatre fois par an aux postulants de ces écoles. Il mesure la compréhension à la lecture, les raisonnements logique et analytique, et comporte également un test d'écriture. Le score maximal est de 180 mais il reste extrêmement rare.

Sans décodeur I

1. **nuvrere**
   (a) verrue
   (b) nervure
   (c) veneur
   (d) nerveux

2. **egsoartn**
   (a) estragon
   (b) rogatons
   (c) esturgeon
   (d) sergent

3. **gnggioe**
   (a) vigogne
   (b) gigogne
   (c) cigogne
   (d) octogone

4. **vetiiusr**
   (a) viseur
   (b) vitreuse
   (c) visiteur
   (d) investiture

5. **mapoyhtie**
   (a) mitoyen
   (b) myopathie
   (c) hypothermie
   (d) empathie

6. **nloacis**
   (a) Nicolas
   (b) salons
   (c) colline
   (d) insolent

7. **ciisnue**
   - (a) cousin
   - (b) cuisine
   - (c) suicide
   - (d) sinueux

8. **ltiaue**
   - (a) aliter
   - (b) tuile
   - (c) Italie
   - (d) laitue

9. **thqceinue**
   - (a) technique
   - (b) tectonique
   - (c) tunique
   - (d) ethnique

10. **rrèaite**
   - (a) ratière
   - (b) salière
   - (c) artère
   - (d) rapière

RÉPONSES

1. *(b) nervure.*
2. *(a) estragon.*
3. *(b) gigogne.*
4. *(c) visiteur.*
5. *(b) myopathie.*
6. *(a) Nicolas.*
7. *(b) cuisine.*
8. *(d) laitue.*
9. *(a) technique.*
10. *(a) ratière.*

RÉSULTAT

Comptez 16,5 points par bonne réponse.

165 *Génie*
148-132 *Doué/Intelligence supérieure*
115 *Intelligence au-dessus de la moyenne*
99 *Intelligence moyenne*
83 *Intelligence au-dessous de la moyenne*
70 *(et moins) Intelligence très faible*

Sans décodeur II

1. **aiteuhuntqe**
   (a) Atlantique
   (b) arthritique
   (c) artistique
   (d) authentique

2. **gsrsoe**
   (a) gosses
   (b) grosse
   (c) rosser
   (d) gloss

3. **eéatibzlh**
   (a) Élizabeth
   (b) Belzébuth
   (c) azimutée
   (d) zélateur

4. **vucieix**
   (a) vicieux
   (b) avarice
   (c) envieux
   (d) civile

5. **ptolytadcére**
   (a) polydactylie
   (b) pythagore
   (c) ptérodactyle
   (d) pictogramme

6. **saiocl**
   (a) social
   (b) solaire
   (c) calice
   (d) escale

7. siosnttutean

[a] manutention
[b] suspension
[c] situation
[d] sustentation

8. diélt

[a] alité
[b] délié
[c] délice
[d] délit

9. mernvie

[a] envier
[b] vermines
[c] minerve
[d] vernir

10. cbrae

[a] barque
[b] crabe
[c] cabrer
[d] Arabe

RÉPONSES

1. *(d) authentique.*
2. *(b) grosse.*
3. *(a) Élizabeth.*
4. *(a) vicieux.*
5. *(c) ptérodactyle.*
6. *(a) social.*
7. *(d) sustentation.*
8. *(d) délit.*
9. *(c) minerve.*
10. *(b) crabe.*

RÉSULTAT

Comptez 16,5 points par bonne réponse.

165 *Génie*
148-132 *Doué/Intelligence supérieure*
115 *Intelligence au-dessus de la moyenne*
99 *Intelligence moyenne*
83 *Intelligence au-dessous de la moyenne*
70 *(et moins) Intelligence très faible*

Département éditorial « Art de vie »
Achevé d'imprimer en janvier 2013
Sur les presses de Normandie Roto Impression S.A.S à Lonrai
N° d'impression : 125085
Dépôt légal : Février 2013
Imprimé en France